Cuéntame un cuento abuelita...

Cuentos infantiles adaptados...

Sonia B. F. Arias

Mundo Latino Publications
Los Angeles CA
Derechos reservados 2014 Sonia B. F. Arias
Todos los derechos reservados incluyendo porciones o capítulos del libro o cualquier otra copia del mismo. Publicado en Los Angeles CA

Cuéntame un cuento abuelita...
Autora: Sonia B. F. Arias
Portada: Alex Arias
Un libro de cuentos infantiles interactivo en el cual los niños y sus padres y abuelos podrán disfrutar de la lectura y comentar cada historia.

Ordénes individuales o al por mayor
www.amazon.com
Copyright © 2014
Sonia B. F. Arias
All rights reserved.
ISBN 9780989260466
Sonia B. F. Arias

Dedicación

Con mucho cariño dedico este libro a mis amados hijos y nietos y a todos los niños y sus padres que disfrutarán leyendo estas historias.

Indice

Prefacio	7
Poema: Cuéntame un cuento abuelita	9
El cerdito Jamón	11
El loro de mi abuelo	19
La vasija vacía	25
Hubo una vez un bosque…	33
Una historia de Halloween	41
El osito Freddy	47
Gerardo el policía	55
Lamparitas la ardillita mentirosa	63
Ricardo quiere una guitarra	71
¿La dama o el tigre?	83
La libélula de las alas mágicas	93
Una historia de navidad	101
Adivinanzas	113
Trabalenguas	121
20 ideas para entretener a los niños	125
Chistes sanos de Pepito	129
Poemas y cantos para niños	135

Prefacio

Con este libro tengo la intención de establecer un estrecho vínculo de lectura amena y apropiada entre los niños pequeños y sus padres, abuelos u otros familiares que dediquen un tiempo de calidad con ellos.

El libro contiene historias entretenidas, algunas tradicionales y clásicas que han sido transmitidas de generación en generación a través del tiempo.

Lo que hace este libro distinto al resto de los demás libros de cuentos es que las historias están catalogadas por edad para que sean atractivas a los niños que las leen.

Al final de cada historia se le motiva al pequeño lector que recuerde detalles importantes de la historia a través de preguntas para poder dar su opinión sobre la misma.

También este libro persigue expandir la atención y concentración de la memoria del niño para que pueda desarrollar sus habilidades de memorizar adivinanzas, trabalenguas, poemas y canciones infantiles además de algunos chistes y actividades apropiadas para su edad.

La mayor meta que tengo al escribir este libro es animar a los pequeños a que amen los libros de cuentos y hagan de la lectura un valioso hábito que los conduzca a un mundo de fantasía donde disfrutarán del entretenimiento que les producirá adentrarse en una aventura excitante para ellos.

Espero que ustedes estimados padres, tíos y abuelitos, lo disfruten con sus pequeños y junto a ellos viajen a mundos lejanos donde dejen volar su imaginación.

Este libro contiene imágenes para que el niño las coloree y se identifique con los personajes de acuerdo a como los describe el autor del libro.

Todas las historias han sido recopiladas de la literatura universal, escritas por diferentes autores de diferentes nacionalizadas.

Mi trabajo fue narrar en mis propias palabras el cuento, no con la intención de infringir en un plagio sinó más bien con la idea de expandir el mundo de la literatura infantil hispanoamericana.

Cuéntame un cuento abuelita…

Poema escrito por: Sonia B. F. Arias

En el país de los cuentos
dónde todo es colorido
un nieto con su abuelita
compartían un momento

Mi papi dice que tú,
sabes los mejores cuentos
y que cuando él era un chico
terminaban siempre riendo

Así es, niño querido
ven conmigo y toma asiento
hoy voy a contarte un cuento
con mi sonrisa en los labios
mirando tus ojos tiernos

En tu regazo abuelita
quiero escuchar muy atento
toditos, todos los cuentos
que contabas a papá
cuanto él estaba pequeño

Cuéntame un cuento abuelita
para que yo con el tiempo
pueda también recordarlo
y en un día muy lejano
pueda contarlo a mi nieto

EL CERDITO JAMÓN

1

El cerdito Jamón

(4-8 años)

En un pueblito remoto allá por las montañas donde nace el sol, vivía un cerdito que sus amigos conocían como el animal más perezoso de aquel lugar.

—Oye, Jamoncito, ¿porque no nos acompañas a la escuela hoy? Es un día de fiesta y te va a encantar. —dijo el conejo Ulises, mientras invitaba a su amigo a seguirlo.

—¿Dijiste fiesta, escuché bien? —dijo Jamón levantándose de su hamaca mientras se rascaba su cabeza.

—Si escuchaste bien. Hoy es el último día de clases y el Maestro Elefante, dijo que nos hará una fiesta a todos los que aprendimos a leer, —respondió el conejo muy sonriente.

—Si claro que voy a ir, déjame levantarme para arreglarme un poco y me voy contigo. —dijo Jamoncito al tiempo que se apresuraba a limpiarse el lodo de su espalda.

Todos los animalitos se veían muy felices caminando con sus mejores trajes rumbo a la escuela, los gatos siameses, la tortuga, el zorrillo, la jirafa, el perro y hasta la vaca y el asno caminaban en línea recta mientras cantaban alegremente una canción que habían aprendido en la escuela.

«Ja Ja Ja, yo sí que soy inteligente, los tontos de mis amigos se la pasaron yendo a la escuela todo el año y haciendo tareas mientras que yo, solo voy el día que hay fiesta» —dijo Jamón entre dientes.

—Ahí los alcanzo conejo, dime donde queda la escuela, la verdad es que es muy temprano, voy a dormir un rato más y luego llego. —Comentó Jamón mientras sacaba un papel y un lápiz para apuntar la dirección de la escuelita.

El conejo Lucas, quien era muy responsable y llevaba el primer lugar en la clase dijo de inmediato:

—tienes que buscar un edificio que tiene una placa dorada donde dice el nombre de nuestra escuela. El edificio está pintado de color azul y tiene muchas ventanas.

—No te preocupes, yo lo encuentro, me conozco de memoria los atajos y soy un experto en encontrar edificios. —Dijo Jamón mientras se ponía su pezuña cerca de su frente.

Los animalitos siguieron su camino y como a las diez y media de la mañana Jamón despertó y después de un tremendo bostezo, estiró sus patas y se dispuso a vestirse con su mejor ropa para ponerse en camino.

Se peinó el poco pelo que tenía y se limpió la trompa con unas hojas. Comió un buen plato de mazorcas de maíz y se dispuso a caminar.

«A ver… a ver… creo que debe ser este el camino» dijo Jamón tratando de concentrarse.

De pronto divisó una larga cerca color blanca que rodeaba una casa azul con una placa que decía: "Cuidado con el Perro"

Jamón se alegró pensando «no creí que se me hiciera tan fácil encontrar la casa, pero ya llegué».

Sin problema se saltó la cerca con gran seguridad y cuando se aproximaba a la casa lamiéndose su trompa pensando en los manjares que comería con sus amigos en la escuela, escuchó los gruñidos de un perro feroz que le salió al paso.

—Arf arf arf!! —ladró aquel perro negro furiosamente.

Jamón solo tuvo tiempo de correr y por más que corrió el perro lo alcanzó y lo mordió en la parte de atrás rompiendo su pantalón y su parte trasera.

Jamón como pudo se volvió a saltar la cerca y se rascó la cabeza confundido y muy adolorido por el mordisco del perro.

«Creo que me metí en el lugar equivocado. Esa no puede ser la escuelita de mis amigos. Ahora con este dolor en mi nalguita y con el pantalón roto, tendré que seguir buscando la escuela, pero la voy a encontrar como que me llamo Jamón».

Siguió avanzando y se encontró un portón azul con un letrero amarillo y lo empujó pensando «seguro el pato Lucas se equivocó y me dijo que la escuelita estaba pintada de azul y tenía un letrero dorado. Este portón es azul y tiene un letrero amarillo, voy a ver si aquí es la escuelita».

Jamón no dio tres pasos y cayó en un profundo hoyo de por lo menos tres metros de altura, y encima, como si fuera poco, pego su cabeza contra una piedra y se hizo un gran chichón.

—¡Ay ay ay ay! ¡Qué dolor, mi pobre cabecita!!

Un ratoncillo de monte que estaba entre el hoyo le dijo: —Eso te pasa porque no lees. Acaso no te fijaste que decía "Cuidado con el hoyo"

Jamón cabizbajo y con la ayuda del ratoncillo salió del hoyo con su dolor en su nalguita, el pantalón roto y un chichón en la cabeza.

—No sé leer. Debería haberle hecho caso a mi amiga la tortuga y haber ido a la escuela a aprender a leer. Si supiera leer no me equivocaría pero voy a intentar llegar a la escuela para aprender a leer. Nunca es tarde. —Dijo Jamón sin importarle que estaba hablando solo.

Caminando con dificultad se fue alejando del lugar donde se encontraba el ratoncillo y sin darse cuenta llegó a la ciudad.

Lo primero que vió fue un edificio azul con ventanas y con una placa dorada al frente.

«*Esta, es con seguridad la escuela de mis amigos. Ya la fiesta debe estar terminando pero no importa. Ni hambre tengo con todo lo que me ha pasado*».

No se escuchaba ruido dentro del edificio y Jamón con mucha timidez dio unos cuantos golpes en la puerta.

Un lobo con un saco blanco abrió la puerta y sonrió maliciosamente.

—Es usted el maestro de la escuela? —Preguntó Jamón inocentemente.

—¿Yo maestro? Ja ja ja ja eso si es cómico, digamos que no soy maestro, soy doctor y tu necesitas uno. ¡Mira ese chichón que tienes en tu frente!

—Si me duele mucho, me caí, buscando la escuela de los animalitos, quiero aprender a leer y no sé dónde está la escuelita. —Dijo Jamón en voz baja.

Cuando Jamón entró al supuesto consultorio del doctor se dio cuenta que era una carnicería y que muchos lechoncitos como él estaban colgados de ganchos listos para ser horneados.

Jamón no dijo palabra. En un descuido del lobo, quien entró a la cocina a preparar el agua caliente y el caldero donde lo cocinaría, Jamón abrió la puerta y corrió y corrió sin parar hasta que vió a uno de sus amigos, el caballito Andaluz quien jugaba con la jirafa y el perro Rayos en las afueras de la escuela.

Jadeando llegó hasta donde ellos se encontraban y les pidió que lo llevaran donde el maestro.

Bufarín, un elefante viejo con unos lentes enormes se encontraba en su escritorio guardando en su maleta la tiza y el borrador y las pizarritas de sus alumnos.

Los otros animalitos estaban comiendo pizza, tomando refrescos y tenían una deliciosa manzana roja en sus manos.

Jamón no tenía hambre, quería aprender a leer cuanto antes. No le importaba pasar día y noche frente a un libro, con papel y lápiz en mano para también aprender a escribir.

Le suplicó al elefante Bufarín que lo enseñara a leer en el curso de verano.

Desde ese día Jamón fue a la escuela aun en el verano, cuando todos los animalitos se divertían jugando en el campo.

Jamón iba a la biblioteca de la ciudad a traer muchos libros que se leía en poco tiempo pues no podía parar de leer.

Jamón no quedó satisfecho hasta que no le quitó el primer lugar a su amiga la tortuga.

Ahora Jamón ayuda a sus amigos a aprender a leer.

Jamón es el ayudante del maestro y todos los días se levanta antes que todos sus amigos y es el primero que se sienta en la clase a esperar que llegue el maestro.

1. ¿Porque Jamón el cerdito fue a la escuela solo el día en que había fiesta?

2. ¿Cuáles problemas tuvo que enfrentar Jamón cuando andaba buscando la escuela de los animalitos?

3. ¿Qué le dijo el lobo con el saco blanco a Jamón?

4. ¿Qué hizo Jamón cuando al fin encontró la escuela?

EL LORO DE MI ABUELO

El loro del abuelo
(9-12 años)

Esta es la historia de un abuelito que tenía una tienda donde vendía dulces.

Rodolfo, su nieto mientras estuvo pequeño, lo visitaba diariamente con sus amiguitos y el abuelito le regalaba a él y a sus amigos, una bolsa de dulces de diferentes tamaños y colores.

Pasó el tiempo y su nieto creció y se convirtió en un adolescente y ocupándose de otras actividades propias de su edad, ya no volvió a visitar a su abuelo, ni siquiera lo volvió a llamar por teléfono para decirle cuánto lo amaba.

Aunque Rodolfo iba con su madre todos los sábados, a visitarlo, se limitaba a saludar a su abuelo y luego se sentaba en un sillón a escuchar música con los audífonos puestos.

El abuelito, un poco triste, por la indiferencia de su amado nieto y al ver que pasaban los días y no lo visitaba en su tienda, decidió ir a un lugar donde vendían mascotas y se compró un loro hablantín.

—Tiene que enseñarle a hablar. —Le dijo el dueño antes de entregarle el loro al abuelo.
—No se preocupe señor, para eso precisamente he comprado al loro, para no sentirme tan solo y poder hablar con él.

Muy feliz el abuelo, se lo llevó para su confitería y le buscó un lugar cerca de donde él atendía a su clientela.

Cierto día Rodolfo pasó por el frente de la tienda pero se sintió avergonzado de ver a su abuelo hablando solo y no quiso entrar con sus amigos a saludarlo.

«¡Qué vergüenza qué van a pensar mis amigos de mi abuelo, que está loquito, hablando solo, lo que es peor, está enseñando al loro que se compró, a hablar con él!»

Su abuelo lo saludó con su mano y Rodolfo, lo miró de reojo y le sonrió disimuladamente. El quería mucho a su abuelito pero no quería pasar una vergüenza con sus amigos de la preparatoria.

Cierto día cuando Rodolfo regresaba de la escuela, notó que la tienda de su abuelo estaba cerrada y se sorprendió.

«¡Qué raro! él siempre viene a trabajar, nunca cierra, ni siquiera los fines de semana, será mejor que vaya a su casa. Talvez decidió tomar unas vacaciones.»

Cuando se acercaba a la casa del abuelo, una vecina lo detuvo para preguntarle algo.

—Hola Rodolfo, cómo siguió tu abuelo, me enteré que se había enfermado gravemente al ver la ambulancia frente a su casa esta mañana.

Rodolfo palideció y no supo que decir; sin contestar una sola palabra, montó en su bicicleta y a todo pedal se fue para el hospital donde él creía se encontraba su abuelito.

Cuando llegó al hospital, le dolía su corazón, se arrepentía de no haber visitado a su abuelo, y por haberlo creído loco.

Subió a su cuarto y se lo encontró conectado a algunos sueros y mangueras que entraban por la garganta y por la nariz de su abuelo.

Con mucha dificultad pero con gran amor su abuelo tomándole la mano le dijo: —Hola mijo, ¿cómo estás? ¿Quién te avisó?

Rodolfo no sabía que decir, lo abrazó llorando y dijo: —Abuelito, te amo mucho, sé que vas a estar bien, pero por mientras te pones mejor, quiero ayudarte con la tienda, dame la llave y hoy mismo iré a vender los dulces hasta que estés bien. Estoy en vacaciones, hoy fue el último día de escuela.

El abuelo abrazó a Rodolfo y respondió: —Claro mijo, me siento más tranquilo ahora que me ofreces tu ayuda. Toma las llaves, me quitas un peso de encima, no sabía qué iba a hacer.

Rodolfo fue a la tienda aquella misma tarde y se sorprendió al encontrar todos los caramelos en el suelo y algunos de los frascos quebrados.

Su abuelo había sufrido un ataque al corazón y había caído sobre el mostrador y sobre los frascos de los dulces.

Pacientemente el jovencito se puso a recoger los trozos de vidrio y a clasificar los dulces de acuerdo a sus tamaños colores y sabores.

De pronto escuchó una voz a sus espaldas que repetía algo en un tono monótono: —Te extraño mucho mijo, te extraño mucho. ¡Cuánto te extraño mijo!

Rodolfo se volteó y se encontró con el loro de su abuelo quien lo miraba como reclamándole.

Rodolfo lo miró y muy enojado le dijo: —¡Ya cállate de una vez! ¿Acaso no ves que no estoy de humor?

De mala gana, Rodolfo se acercó a la jaula y la abrió para sacar los periódicos sucios y cambiar el agua del loro y para llenarle su tazón con semillas de girasol.

El loro volvió a repetir: —Te extraño mucho mijo, te extraño mucho. ¡Cuánto te extraño mijo!

Rodolfo no pudo más y se echó a llorar sobre el mostrador y mirando al loro con furia y a la vez con un profundo dolor gritó: —¡Ya cállate, te dije!

Ahí fue cuando Rodolfo entró en razón que su abuelito lo necesitaba, que se sentía solo y que no bastaba con las visitas que él le hacía a su casa todos los sábados.

Sin esperar más, se limpió las lágrimas y cerrando la tienda, se fue corriendo al hospital para decirle a su abuelito cuánto lo quería.

Se prometió asimismo ayudarlo todos los días a la salida de la escuela en su tienda.

Al cerrar la puerta Rodolfo volvió a escuchar al loro gritar: —Te extraño mucho mijo, te extraño mucho. ¡Cuánto te extraño mijo!

1. ¿Por qué tuvo el abuelo de Rodolfo que comprar un loro?

2. ¿Por qué a Rodolfo no le gustaba visitar a su abuelo con sus amigos?

3. ¿Cómo supo Rodolfo que su abuelo estaba en el hospital?

4. ¿Por qué le dolía a Rodolfo escuchar las palabras del loro?

LA VASIJA VACÍA

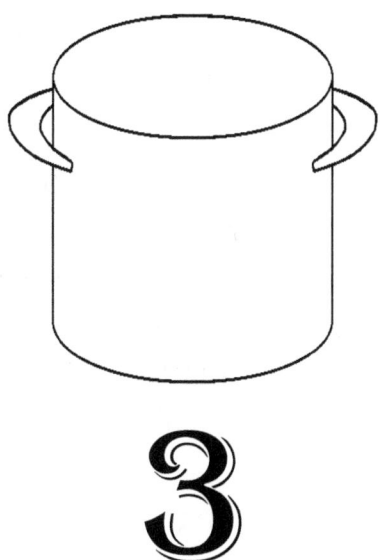

La vasija vacía
(8-12 años)

Había una vez un emperador chino quien le encargó a su leal sirviente que comprara mil vasijas para un proyecto que deseaba realizar con las familias más pobres de su imperio.

El sirviente se fue de inmediato al mercado y consiguió las mil vasijas y se las trajo al emperador al día siguiente.

—Quiero que las llenes con tierra de la mejor que encuentres en mis campos y me las traigas de nuevo a mi palacio. —Dijo el emperador, sorprendiendo a su sirviente quien no tenía la menor idea que iba a ser su señor con ellas.

Al día siguiente el sirviente, con la ayuda de otros empleados, trajo las mil vasijas llenas de la tierra más fértil que encontró y las colocó en el balcón del dormitorio del emperador.

—Aquí están estas semillitas, te las encargo. —Dijo el emperador entregándoselas al sirviente. —Quiero que las guardes y no se las enseñes a nadie. Ponlas en un lugar seguro hasta que yo te las pida.

El sirviente se llevó la bolsa con las semillas que el emperador le entregó y salió del palacio aún más sorprendido que antes.

Pasaron los días y una mañana el emperador llamó al sirviente y le dijo: —¿Recuerdas las semillitas que te di para que las guardaras? Quiero que me las traigas y que llames a todos los niños que encuentres en las calles y los traigas a mi palacio.

El sirviente cada vez entendía menos lo que su señor planeaba hacer pero calladamente lo obedeció sin chistar.

Caminó por las calles de las aldeas cercanas e invitó a todos los niños harapientos, hambrientos y sucios a visitar el palacio del emperador.

Cuando cumplió con las órdenes de su señor los trajo al palacio donde los esperaba un delicioso manjar con toda clase de golosinas, pasteles, dulces y carnes de toda clase.

También el emperador había invitado al palacio a los mejores magos para que hicieran divertidos trucos e hicieran reir a los niños. También habían venido payasos que los entretuvieron por largas horas.

Cuando la fiesta llegó a su fin, el emperador reunió a los niños y a sus padres en un gran salón donde se encontraban las vasijas y les dijo: —Los he reunido aquí mis amigos porque estoy buscando un par de jardineros que cuiden el mejor jardín de mi palacio. Estos jardineros vivirán en mi palacio y gozarán de muchos privilegios.

A todos los niños y padres que se encontraban reunidos en el palacio les brillaba los ojos pensando que ellos serían los elegidos del emperador.

Todavía ninguno sabía que tendrían que hacer para ocupar aquel importante puesto del que les había hablado el emperador.

De pronto, el emperador se levantó de su trono y tomó la bolsa con las semillitas que le había traído su sirviente y se las repartió a cada uno de los padres y los niños que se encontraban ahí.

Luego los invitó a que tomaran una vasija de las que se encontraban en el salón.

Todos estaban sorprendidos y deseando saber que tenían que hacer para ser elegidos por el emperador y ocupar el puesto de sus jardineros especiales.

—Amigos, quiero que siembren esa semillita que les di en la tierra fértil que está en la vasija que les fue entregada a cada uno de ustedes. En un mes quiero verlos en este lugar nuevamente y ahí elegiré a la familia que serán mis jardineros especiales.

Los padres y los niños se volvían a mirar unos a otros sorprendidos pero a la vez entusiasmados porque se llegara el día en que volvieran a visitar el palacio. Todos tenían el mismo sueño, ser los jardineros especiales del emperador.

Pasó el tiempo y cuando habían transcurrido una semana todos los niños y sus padres estaban muy tristes porque la semillita no había germinado en sus vasijas y en tres semanas no podrían enseñarle al emperador una espléndida planta florecida.

Todos se pusieron de acuerdo en ir al mercado y comprar unas cuantas semillas para sembrarlas en la vasija.

Con gran alegría a la semana vieron su sueño hecho realidad. La nueva semilla había germinado y la plantita estaba creciendo para su tranquilidad.

Una de las familias más humildes de la aldea, no hizo lo que el resto de las personas habían hecho. Simplemente discutieron el problema que su semillita no había germinado y pensaron en decirle la verdad al emperador cuando se llegara el día de llevar la vasija para que él la revisara.

El día por fin llegó en el que todos los niños uno a uno entró en el palacio junto con sus padres y se pusieron en línea para que el emperador inspeccionara las flores hermosas que habían sembrado en sus vasijas.

Había claveles, rosas de todos colores, margaritas, girasoles, calas, campanitas y otros tipos de flores hermosas y perfumadas en cada una de las vasijas.

El emperador miraba fascinado las bellas flores de aquellas vasijas y les indicaba a los niños y a sus padres que las colocaran en el jardín principal del palacio.

Cuando llegó el turno del niño que traía su vasija vacía, el emperador lo miró serio y le dijo:
—¿Qué pasó que no tienes una flor en tu vasija como el resto de los niños de la aldea?

El niño con lágrimas en sus ojos, miró a sus padres y éstos le indicaron que le dijera al emperador la verdad de lo que había sucedido.

—Mi señor, le juro que regué con dedicación la tierra y día a día iba a mirar si la plantita crecía pero nunca nació. Me dolía ver a mis amiguitos como sus flores crecían y la mía no. No sé qué pasó pero, no importa, acepto que no soy un buen jardinero y mis padres tampoco lo son.

El niño humildemente entregó la vasija al emperador y éste la puso detrás de su trono y le indicó al niño que fuera a sentarse con sus padres y el resto de las familias.

Unos niños lo miraban con ojos de burla y otros le miraban con compasión. Una niña que se encontraba a su lado le dijo: —¿Acaso no te da vergüenza, haber traído tu vasija vacía? Mira que linda mi rosa blanca. Estoy segura que el emperador le dará el trabajo a mis padres.

El niño no contestó nada, simplemente bajó su cabeza y esperó que el emperador hablara.

El emperador tomó la vasija vacía en sus manos y le ordenó a los padres y al niño que se sentaran a su lado.

Ellos avergonzados ante las risillas disimuladas del resto de los invitados se acercaron cabizbajos obedeciendo las órdenes de su emperador.

El emperador, se levantó de su silla y miró a los padres y al niño seriamente y luego se dirigió al resto de sus invitados y dijo: —Todos ustedes han traído las flores más bellas que jamás he visto. Sus colores y su aroma adornan mi palacio hoy, como nunca antes. Sin embargo, esas flores fueron todas abonadas con una sustancia tóxica que las envenena y las hace perder su encanto. Estas flores fueron abonadas con la deshonestidad.

Todos los padres se miraron unos a otros extrañados y confundidos sin saber que decir. El salón quedó en silencio y el emperador continuó: —Las semillas que les entregué, amigos, habían sido cocinadas previamente y nunca hubieran germinado, y eso yo lo sabía y lo sabe cualquier jardinero honesto.

Luego dirigiéndose a los padres y al niño que se encontraban a su lado les indicó con su mano que se acercaran a él y les dijo: —Esta familia que ven aquí serán los jardineros especiales de mi palacio. Estos padres supieron enseñar a su hijo a decir la verdad. Por eso este jovencito me trajo la vasija más hermosa que podría tener en mis manos hoy. La flor de la honestidad está sembrada en ella. Nadie más que yo podía ver.

Todos los invitados se fueron avergonzados a sus hogares, habiendo aprendido una buena lección. Desde aquel día, aquel niñito y sus padres ocuparon dos de las habitaciones que se encontraban cerca del jardín principal del palacio.

Diariamente, el emperador los saludaba y los invitaba a desayunar con él en su misma mesa.

Por las tardes el emperador se paseaba orgulloso por los jardines de su palacio, mientras el niño y sus padres regaban el jardín del emperador con gran dedicación y cariño.

1. ¿Cuál fue el favor que el emperador le pidió a su sirviente que hiciera?

2. ¿Qué hicieron los niños cuando las semillas no germinaron?

3. ¿Por qué el emperador escogió la vasija vacía?

4. ¿Cuál premio les dio el emperador a la familia y a la niña que trajo la vasija vacía?

HUBO UNA VEZ UN BOSQUE...

Hubo una vez un bosque…
(8-10 años)

Había una vez un bosque mágico, donde los animalitos vivían muy felices y se ayudaban mutuamente. Los pajaritos y las ranas se bañaban en el arroyo cristalino y las ardillas trepaban los árboles para dormir refugiándose en los arbustos.

Una familia de conejitos también vivía en aquel bosque y eran amigos de los puercoespines y del resto de los animalitos.

Cierto día unas criaturas extrañas llegaron a aquel bosque y cambiaron el ambiente poco a poco.

Sus voces eran fuertes y roncas y sus cuerpos estaban cubiertos de un material que no eran plumas ni pelajes. Estas criaturas daban pasos largos y fuertes e intimidaban a todos los animalitos que se encontraban a su paso.

—Hemos venido a recoger a todos los animales que tienen plumas— dijo una de las criaturas con voz fuerte y ronca.

Todos los animalitos se miraron entre si y se alegraron de no tener plumas, excepto por los pajaritos quienes revoloteando huyeron hacia los árboles y se refugiaron en las copas frondosas y en los arbustos cercanos.

Las criaturas extrañas lanzaron sus redes gigantes lo más alto que pudieron y atraparon a todas las aves que se encontraban escondidas y se las llevaron lejos.

—Qué bueno que se llevaron a los pájaros. —Dijo el abuelo conejo. —De todos modos eran los animales más ruidosos del bosque y nos despertaban muy temprano con sus aleteos y sus cantos estúpidos.

Desde ese día ya no se oyeron los pajarillos revolotear o cantar y el bosque ya no era el mismo.

Días después cuando los animalitos habían olvidado el incidente de las criaturas tenebrosas, éstas volvieron nuevamente e hicieron temblar otra vez a todos los animales.

—Esta vez hemos venido a recoger a todos los animales que tienen colas abundantes.

Las ardillitas se volvieron a ver unas con otras y dijeron: —Esas somos nosotras, no hay otro animal en este bosque que tenga colas con tan abundante pelo como nosotras.

Las criaturas lanzaron sus inmensas y redes y aunque las ardillas se refugiaron en los árboles hasta ahí penetraron las redes y las sacaron violentamente para llevárselas lejos.

Todos los animales del bosque temblando observaron en pánico lo que había ocurrido a sus amigas las ardillas pero el abuelo conejo los consoló diciendo: —Estas ardillas también eran ruidosas, cuando comían hacían mucho ruido y no nos dejaban dormir la siesta, ahora ya no nos molestarán más.

Los animalitos se miraron unos a los otros muy inquietos pero siguieron viviendo en aquel bosque en el cual ya no se sentían tan seguros.

El ambiente en el bosque ya no era el mismo, los animalitos extrañaban a sus amigos los pájaros y a las ardillas y aunque no lo decían se sentían tristes.

Cuando los animalitos se empezaban a sentir más seguros, cierta mañana llegaron las horribles criaturas a intimidarlos nuevamente y esta vez gritaron con mucha fuerza.

—Esta vez venimos a llevarnos a todos los animales que saben nadar.

Los conejos y los puercoespines se miraron unos a otros y dijeron: —No se vienen a llevar a nosotros porque no sabemos nadar. No tenemos nada de qué preocuparnos.

Los pececillos y las ranas huyeron hacia el arroyo y se fueron hasta el fondo nerviosamente.

Pero las criaturas lanzaron sus grandes redes y los sacaron a todos, aun a los que estaban en lo profundo del arroyo y se los llevaron lejos.

—Está bien. —Dijo el abuelo conejo. —Esos peces, algunas veces morían en el agua y contaminaban el arroyo del bosque, además las ranas también eran muy ruidosas y en las noches no nos dejaban dormirnos temprano.

Los puercoespines y otros conejillos no creían como el abuelo conejo pero no se atrevían a contradecirlo porque el abuelo de los conejos era muy respetado entre los animales del bosque aunque tenía el corazón duro como la piedra más grande del riachuelo, pero nadie en el bosque quería tener problemas con él.

Pasaron unas cuantas semanas y ya los conejos y los puercoespines se habían acostumbrado a la soledad y el silencio del bosque, cuando sorpresivamente las criaturas extrañas volvieron a visitar el bosque nuevamente.

—Esta vez, hemos venido a recoger a todos los animales que tienen espinas en sus espaldas…. —dijeron las criaturas que cada vez hablaban más fuerte y sus voces se oían en el bosque como los truenos que chocaban contra los árboles en las noches de tormenta.

—Esos somos nosotros. —Dijeron los puercoespines asustados mientras corrían a refugiarse.

Pero las criaturas con fuerza lanzaron sus gigantes redes y los atraparon a todos y se los llevaron.

Solo quedaban los conejos que temblaban entre las rocas y se miraban sin entender lo que estaba ocurriendo.

—No sean cobardes. —Dijo el abuelo conejo. —Esas criaturas no volverán a pisar este bosque, corran por todo lado y jueguen libremente. Este bosque es de ustedes y de nadie más.

Los conejillos al tiempo se olvidaron y se sintieron más tranquilos jugando en los alrededores del bosque y sus familias aumentaban en miembros cada día.

Cuando menos lo esperaban, cierto día aquellas criaturas a quienes tanto temían, regresaron al bosque y con sus voces intimidantes dijeron: —Esta vez venimos a llevarnos a todos los animales que tienen pelo blanco.

Los conejitos se miraron entre ellos y trataron de huir y refugiarse en los rincones más seguros del bosque.

Las criaturas horribles metieron sus redes gigantes y sacaron a todos los conejillos que temblaban desesperados y llenos de pánico.

Al primero que atraparon fue al abuelo conejo quien gritaba desesperadamente pidiendo ayuda, pero nadie podía ayudarlo.

Cuando las criaturas se alejaron, un conejito, el más pequeño de todos salió de su escondite y miró a todos lados para asegurarse que las criaturas ya no estaban en el bosque.

Luego se refugió en un tronco que se encontraba tirado en el bosque cerca de las praderas.

Ahí, llorando y sin dejar de temblar este conejito se dijo asimismo: «*Si nos hubiéramos apoyado unos a otros desde el principio, hoy yo no estaría solito aquí. ¿Qué voy a hacer ahora que no tengo a ningún amigo que me acompañe?*»

De pronto aquel conejito dejó de llorar y se alejó de aquel bosque para siempre y se fue a vivir junto a sus primos que vivían lejos de aquel lugar, entre las montañas, donde las criaturas malvadas nunca llegarían.

Desde aquel día nunca más volvió a visitar los claros del bosque y tiempo después se dio cuenta que en aquel lugar las criaturas que habían dejado el bosque desierto, habían construido grandes edificios con muchas ventanas y puertas.

El conejito desde el pico más alto de las montañas miraba con tristeza aquel lugar en el cual había nacido, crecido y convivido con sus amigos, los animalitos del bosque.

1. ¿Porque perdieron su tranquilidad los animalitos del bosque?

2. ¿Cual grupo de animalitos desaparecieron primero del bosque?

3. ¿Cual fue el último grupo de animales que se llevaron las criaturas horribles?

4. ¿Qué dijo el conejo cuando se quedó solo?

UNA HISTORIA DE HALLOWEEN...

Una Historia de Halloween
(3 – 8 años)

Había una vez tres fantasmitas, que se llamaban Bruno, Burrín y Bufón. Todos vivían con su papá y su mamá en una casa muy vieja donde podía hacer muchas travesuras.

El día de Halloween, su papá y su mamá se fueron de compras y dejaron en la refrigeradora preparada parte de lo que se serviría en la fiesta.

Entre otras golosinas dejaron algunos refrescos y un delicioso helado de vainilla con pedacitos de chocolate.

Antes de irse, sus padres los llamaron a los tres y les dijeron: —Vamos a ir a comprar los dulces para esta noche especial, la favorita de nosotros los fantasmas. Por favor no toquen nada de lo que quedó en la refrigeradora.

Los tres fantasmitas se miraron unos a los otros y dijeron a coro: —Si, mami, no tocaremos nada.

Como sus padres se tardaron más tiempo de lo esperado, los fantasmitas sintieron hambre y entraron a la casa después de jugar a la pelota en la plaza que quedaba frente a su casa.

Burrín y Bufón subieron a sus cuartos y se dispusieron a ver televisión y a esperar a sus padres que llegaran del mercado.

Bruno no hizo lo mismo, éste era el fantasmita más desobediente y se fue directamente a la cocina y abrió la refrigeradora.

—Hmmm…. Ese jugo de naranja se ve delicioso. Si tomo un poquito, estoy seguro que mi mamá no se dará cuenta.

Inmediatamente sin hacer mucho ruido tomó un vaso pequeño y bebió un poco, nada más un poquito del delicioso jugo pero para su sorpresa, se miró y se sorprendió que se había convertido en un fantasmita anaranjado.

Corriendo subió las escaleras y se escondió debajo de la cama para que sus hermanitos no lo notaran.

Lo que Bruno no sabía era que su hermanito Burrín había bajado en puntillas para que los escalones no traquearan y se había ido a la cocina a tomar un poquito, muy poquito del refresco de limón que estaba en la refrigeradora.

—Hmmm…. Que deliciso está esta limonada, mi mamá no lo notará si tomo un poquito, solo un poquito nada más.

Tomó un vasito pequeño y se sirvió la limonada. Cuando terminó, se asustó al ver que su cuerpo ahora estaba verde y no blanco como supone ser un fantasmita.

—Oh no!! Que voy a hacer ahora, me volví verde, mi mamá se va a dar cuenta. Se metió a la ducha y trató de que el color verde se fuera de su cuerpo pero no lo logró.

—Ya sé. —Dijo el fantasmita. —Voy a esconderme detrás del sofá viejo que está en la sala. Mi mamá nunca barre por ahí.

Así lo hizo y su hermanito Bufón quien estaba buscando a sus hermanos por toda la casa, no sabía que ellos estaban escondidos. Pensó que habían salido a jugar nuevamente pero el programa favorito de los tres fantasmitas estaba a punto de empezar. Bufón quería ver a Gasparín el Fantasmita Amistoso y no quiso salir a jugar.

Bufón sintió hambre y abrió la refrigeradora y sus ojos se enfocaron en los helados de vainilla con las pintitas de chocolate.

No pudo resistirse, y tomó una cuchara, no muy grande pero tampoco muy chica, y metiéndola en los helados se deleitó con sus helados favoritos.

Cuando terminó de comerse su helado, el fantasmita empalideció al darse cuenta que todo su cuerpo tenía manchitas de chocolate.

No podía quitárselas por más que se frotaba con un paño. Se asustó tanto que solo se le ocurrió esconderse. Cual sería un buen lugar se preguntó el fantasmita.

De repente, se acordó que podría esconderse detrás de la refrigeradora, ahí estaban sus amiguitos los ratones y no se sentiría tan solito.

Cuando el señor y la señora Fantasmín llegaron, no encontraron a sus hijitos por ningún lado, no sabían que hacer, los llamaban y los buscaban y ninguno contestaba.

Los tres fantasmitas estaban escondidos y no querían que sus padres los vieran pero Burrín se sentía mal que sus padres estuvieran sufriendo.

—Mami, aquí estoy, no sé qué pasó, pero tomé un poquito de limonada y me convertí en un fantasma verde.

Su mamá lo abrazó y aunque no le gustó que la hubiera desobedecido, lo mandó a acostarse y le dio un purgante para tratar de ayudarlo.

Bruno, había escuchado lo que su hermanito había dicho y salió de su escondijo, y fue hasta donde estaba su papá y dijo la verdad.

—Papi, perdóname pero no pude resistirme y tome un vasito chiquito del jugo de naranja y mi color cambió de blanco a anaranjado.

Su papá estaba enojado pero no lo regañó mucho. Le dio una cucharada del mismo purgante que había tomado Burrín y lo mandó a la cama.

Solo faltaba Bufón, quien era el más cobarde de los tres. No quería asustar a su mamá pero en aquel momento quería hacerse invisible.

Practicó algunos trucos de magia para convertirse en invisible pero no lo logró.

No tuvo otro remedio que salir de su escondite y le dijo a su mamá lo que le había ocurrido.

El pobrecito estaba muy asustado porque no había oído la historia de sus hermanitos y pensó que solo él había desobedecido a sus padres.

Cuando le dieron el purgante, observó cómo se desprendían los pedacitos de chocolate de su cuerpo uno por uno.

Su papá lo mandó a acostarse y le dijo que se quedara en la cama hasta que el doctor viniera a visitarlos.

Al día siguiente el doctor Fantasmón llegó muy temprano y les recetó a los fantasmitas mucha sopa y reposo.

Eso hizo que los tres fantasmitas no pudieran celebrar Halloween, pero aprendieron una lección muy buena y nunca más volvieron a desobedecerles a su papá y a su mamá.

Poco a poco, fueron perdiendo sus colores y volvieron a ser fantasmitas normales color blanco.

Cuando llegó la noche se fueron a dormir y soñaron con la fiesta de Halloween que les hubiera gustado tener pero que no pudieron disfrutar por haber sido un poquito desobedientes con sus padres.

1. ¿Porque los papás de los fantasmitas los dejaron solos?

2. ¿Qué travesura hizo el primer fantasmita?

3. ¿Qué hicieron los fantasmitas cuando se dieron cuenta lo que les había sucedido al desobedecer?

4. ¿Cuáles fueron las consecuencias de los fantasmitas por haber desobedecido?

EL OSITO FREDDY

**El osito Freddy
(3-8 años)**

Había una vez un osito que se llamaba Freddy. Siempre dormía con su amiguita Juliana quien lo cobijaba todas las noches, antes de dormirse.

Cierto día Juliana recibió un regalo de su abuelita quien le dijo al dárselo: —Julianita, mi amor, te traje este nuevo osito, porque ayer noté que tu osito que te regalé cuando naciste, ya está muy viejito y desteñido.

Juliana abrazó a su abuelita y le agradeció su regalo y le respondió: —Gracias abuelita, está muy lindo el nuevo osito, ahora dormiré con los dos en la cama, porque mi osito viejo si es cierto está desteñido pero yo lo quiero mucho. Fue mi primer oso que tuve.

Pasaron las semanas y Juliana se fue a jugar con sus dos ositos al patio de su casa. Invitó a algunas amigas a tomar el te con ella y les dijo que trajeran a sus ositos de peluche con ellas.

Cuando estaban en el patio se vino un tremendo aguacero que todas corrieron hacia la casa de Juliana para no mojarse y accidentalmente a Juliana se le olvidó su osito Freddy, el más viejecito de los dos, afuera en el jardín.

Cuando entraron su mamá les ofreció unas galletitas y luego las niñas se fueron a jugar con sus muñecas y dejaron a sus osos en la sala hasta que sus papás las recogieron cuando eran casi las seis de la tarde.

Juliana se fue a su dormitorio a mirar la televisión y se olvidó por completo de su oso Freddy.

Freddy por su lado estaba tan triste que sus lágrimas se confundían con las gotas de lluvia que lo habían dejado muy mojado.

Cuando Juliana se fue a dormir aquella noche, buscó su osito Freddy por toda la casa, y recordó que lo había dejado en el patio.

—Mami, mami, dejé a Freddy en la casita del árbol. Se me olvidó cuando empezó a llover. Tengo que ir a recogerlo. Debe tener frío.

Su mamá la detuvo y le dijo: —No mijita, no puedes salir con este tiempo, pescarías un resfrío horrible. Mañana tempranito cuando ya no llueva lo vamos a recoger. El osito estará bien recuerda que es un juguete. A los juguetes no les da frío.

Juliana insistió y hasta lloró pero su mamá le dijo que se fuera a dormir y que al día siguiente irían al patio y lo traerían de nuevo al cuarto de ella.

Mientras Juliana y su mamá discutían sobre Freddy, éste en el patio tiritaba de frío, y se sentía muy triste que Juliana no lo hubiera llevado con ella a su casa cuando había empezado a llover.

De pronto escuchó una voz que venía del otro lado del patio. Una voz que se le hacía conocida.

—Juliana es una niña muy descuidada. A mi me dejó en esta esquina desde hace varias semanas, y ni se acuerda que estoy aquí llevando sol y lluvia.

Freddy se incorporó para escuchar a quien le hablaba y se dio cuenta que era el conejo Francisco, quien dormía en el cajón de juguetes de Juliana.

—No hables así de Juliana, ella es muy buena, a mi me quiere mucho, siempre me cuida y me cobija por las noches. Además a cualquiera se le olvidan las cosas por accidente.

—Tu la defiendes porque duermes con ella en su cama pero a mi me manda a dormir a la caja con los otros juguetes y ya ves, a ti te hizo lo mismo ahora. Te olvidó aquí y a saber hasta cuando se acordará que te dejó en el patio.

Juliana no se podía dormir. Daba vueltas y vueltas en su cama y se asomaba por la ventana de su dormitorio a ver si lograba ver a Freddy pero no podía ver, todo estaba muy oscuro en el patio.

«Diosito, cuidame a mi osito, no dejes que un gato lo ataque, no permitas que se lo lleve un pajarraco, pensando que es comida. Mañana lo recogeré temprano. Hoy mami no me dejó ir al patio porque estaba lloviendo».

Luego Juliana sin decir nada más se fue a dormir resignada a que hasta el día siguiente podría recuperar a su osito Freddy.

Mientras tanto en el patio, un enanito de jardín que había escuchado la conversación entre Freddy y Francisco, se acercó para hacer un comentario.

—Mira, Freddy, tu eres un osito muy fiel, te voy a dar una lamparita para que te puedas iluminar y llegues hasta el cuarto de tu amiguita, estoy segura que ella cuando te vea llegar se pondrá muy alegre porque no te dejó aquí porque no te quiere como te dijo el conejo. Simplemente se le olvidó por accidente.

Freddy miró al enanito y le agradeció la lamparita.

—Gracias por tu regalo. Nunca te había visto por aquí. ¿Como te llamas?

—Mi nombre es Rey, nunca me has visto porque no soy un juguete. La mamá de Juliana me puso sobre una fuente y no deja que Juliana juegue conmigo porque puede quebrarme en mil pedazos. Soy muy frágil.

—No puedo aceptar tu lamparita. —dijo Freddy un poco triste. Si la acepto, con que vas a alumbrar el jardín de doña Elisa por las noches. Además esa lamparita es muy útil para ti. Te agradezco pero no puedo aceptarla.

Rey miró al osito y le dijo: —Eres un osito muy noble, pero no te preocupes, cuando doña Elisa vea que mi lamparita no está, ella traerá otra y la pondrá junto a mi.

Freddy se quedó pensando pero no la aceptó, sino que se fue quedando dormido poco a poco soñando con el momento en que Juliana llegara a él y lo abrazara y lo llevara a su dormitorio a dormir en su camita rosada como siempre lo había hecho.

Cuando despertó aún estaba oscuro, pero ya no llovía, se sorprendió al ver junto a él una hada que tenía una varita mágica en sus manos.

El hada le habló con una voz muy dulce:
—Hola Freddy, escuché como anoche, defendiste a Juliana cuando Francisco estaba tratando de convencerte que Juliana era una niña mala y descuidada.

Freddy se levantó y asustado dijo: —¿Tu quien eres? Nunca te había visto en mi vida. ¿Vives aquí en el jardín?

El hada sonriente le respondió: —Si, yo vivo aquí y cuido de las flores de doña Elisa, siempre estoy cuidando que las rosas, los claveles, las calas y las margaritas tengan su rocío sobre ellas para que no se marchiten.

—Ah, entonces eres como una hada. —Dijo Freddy sonriendo a la hada que tenía unas alas brillantes y transparentes que combinaban con sus cabellos rubios.

—Te voy a dar un premio Freddy, antes que amanezca, te voy a pintar un poquito para que parezcas más nuevo cuando salga el sol. ¿Te gustaría que lo hiciera?

—Si, claro por supuesto, me encantaría que me pintaras y me pusieras más bonito ante los ojos de Juliana, ella igual me quiere viejito y desteñido pero si quiero rejuvenecerme.

El hada de las flores pasó su varita mágica por algunas de las flores del jardín y luego pintó a Freddy como si tuviera un pincel en sus manos.

Mientras tanto, Juliana se había despertado eran solo las seis de la mañana, y fue al cuarto de su mamá quien todavía dormía.

—Mami, mami, ya no llueve, puedo ir al jardín a recoger a Freddy.

Su mamá se sentó y vio el reloj de la pared y luego dijo: —Es muy temprano Juliana, pero está bien, ya no llueve, puedes salir al jardín pero abrígate porque hace frío.

Juliana bajo las escaleras y se dirigió al closet que estaba junto a la puerta de su casa. Ahí su mamá guardaba los abrigos de ella y se puso uno, el más calientito y tomando una cobijita pequeña se fue en busca de Freddy.

Cuando lo vio sentadito al lado del árbol donde estaba su casa de muñecas, se sorprendió diciendo: —Wow!! Parece que la lluvia te hizo bien, querido Freddy. Estás muy lindo, muy limpiecito, hasta parece que tu color es más brillante. Pérdoname Freddy, te dejé olvidado aquí anoche. Fue un accidente.

Lo arropó bien en su cobijita y se lo llevó con ella. Al pasar por la fuente el enanito Rey sonrió y le guiñó un ojo a Freddy, también lo hizo el hada de las flores quien volaba por todo el jardín esparciendo el rocío por doquier.

Francisco el conejo, estaba sentado observando el panorama y dijo: —A mi ni que me lleve al cajón, la verdad es que ya me acostumbré a estar aquí, me gusta ver los pájaros revolotear y las flores. Es mejor estar aquí que en ese cajón de juguetes.

Juliana subió con su osito a su cuarto nuevamente y durmieron hasta las diez de la mañana abrazados. El osito nuevo ni cuenta se había dado que Freddy había dormido fuera. Ya no estaba en la cama aquella noche. A Juliana accidentalmente se le había olvidado y lo había dejado en la sala de su casa.

1. ¿Por qué Juliana dejó a Freddy olvidado en el patio?

2. ¿Qué le dijo Juliana a su mamá antes de irse a la cama?

3. ¿Por qué su mamá no dejó ir a Juliana a recoger a su osito al patio?

4. ¿A quién se encontró Freddy en el patio cuando pasó la noche ahí?

GERARDITO EL POLICÍA

Gerardo El Policía
(5-8 años)

Había una vez un niño que se llamaba Gerardo. Como obtenía tan buenas notas en su escuela, sus papás le dieron de premio un triciclo de anchas llantas para que subiera y bajara las lomas en el parque que eran el deleite de los niños de su edad.

El sueño de Gerardo era estudiar en la academia de policía y convertirse en un oficial que cuidara de la vecindad.

Muchas veces cuando montaba en su triciclo de gruesas llantas tenía la fantasía que era un policía y que andaba por las calles de la ciudad supervisando que todo estuviera en orden.

En frente de su casa quedaba el parque y Gerardo siempre iba a pedalear su bicicleta a ese parque porque era un lugar muy bonito.

Ese parque siempre estaba supervisado por un policía que era amigo de todos los vecinos y por eso los niños salían a jugar tranquilos pues el policía estaba muy atento y los cuidaba muy bien.

Gerardo tenía doce años pero desde que estaba pequeñito había vivido en esa casa y cuando era un niñito pequeño le encantaba ir con su mamá a darles de comer a las palomas.

Hoy Gerardo tenía unos hermanos gemelos que tenían tres años y a ellos también les encantaba ir al parque a jugar con las palomas y al cajón de arena a hacer castillos.

Cierto día su mamá que conocía muy bien a Gerardo como un niño muy responsable le pidió un favor.

—Oye, Gerardo puedes cuidar a los gemelos, mientras yo voy a casa de tu abuelita a dejarle unas compras. Vuelvo como en unas dos horas. Te los encargo, ya comieron y nada más tienes que entretenerlos.

Gerardo como siempre le dijo a su mamá que si los cuidaría. Otras veces lo había hecho y los niños le obedecían como si fuera su papá.

La tarde estaba soleada y Gerardo le pidió permiso a su mamá para llevarlos al parque.

—¿Mamá puedo llevarlos al parque a jugar en la caja de arena? —dijo Gerardo.

—Si "mijo" por supuesto. Llévalos, ya me voy, regreso en un rato. Hasta luego.

Gerardo salió con los gemelos de la mano y se encaminó al parque con baldes y palas para hacer unos castillos con ellos y así entretenerlos.

Cuando se aburrieron de jugar en la arena, los llevó a cortar unas flores para que hicieran unos ramitos para su mamá pero vino el policía del parque y le dijo: —Gerardo, no dejes que tus hermanos arranquen las flores porque es prohibido.

Gerardo muy obediente, se llevó a los niños donde habían unos payasos haciendo unas piruetas y un mago haciendo unos trucos.

Los gemelos estaban fascinados viendo el show y Gerardo aprovechó para descansar pues no era fácil entretener a sus hermanitos de tan corta edad.

Cuando el show acabó, Gerardo les preguntó: —¿Quieren ir a comprar unos globos? Vamos, miren, allá está el señor que los vende, mamá me dejó dinero.

Los gemelos felices fueron de la mano de Grillito a comprar los globos. Jugaron unos minutos con ellos pero con tan mala suerte que un viento los arrebató de sus manos y se los llevó volando lejos.

Los gemelos se pusieron a llorar, y por más que Gerardo los quería consolar no podía.

—¿Qué pasa Gerardo, porque están llorando los gemelos. Están bien? —dijo el policía del parque un poco serio.

—Si, claro están bien, señor oficial, lo que pasa es que les compré unos globos y se les fueron volando y por eso lloran.

—Ten cuidado Gerardo están muy pequeños. ¿Dónde está tu mamá? —Dijo el policía poniéndose aún más serio.

—Fue donde mi abuelita para llevarla al mercado.

Gerardo se asustó y pensaba porque el policía le estaba haciendo tantas preguntas. Seguro le iba a decir a su mamá que él no estaba cuidando bien a sus hermanitos.

Por fin a Gerardo se le ocurrió la idea de ir a comprarles unos helados de chocolate, los favoritos de los gemelos y así los pudo consolar.

Gerardo no quería que los gemelos estuvieran llorando cuando su mamá regresara.

Cuando los niños terminaron de comerse los helados Gerardo miró el reloj y solo había transcurrido una hora.

Todavía faltaba una hora más y a él no se le ocurría que otra cosa hacer para entretener a sus hermanitos.

Se acercó donde estaba un hombre con un monito haciendo piruetas el cual vendía maní y Gerardo compró dos bolsitas para que los gemelos le dieran de comer al monito.

Los gemelitos estaban felices dando de comer al monito pero el hombre tenía que irse y los gemelos nuevamente se pusieron a llorar.

Gerardo tenía miedo que el policía se volviera a acercar donde ellos se encontraban y para consolar a sus hermanos les empezó a contar un cuento sobre unas ardillas voladoras que su mamá le contaba a él cuando estaba pequeño.

Los gemelos ya se sabían la historia pues su mamá se las había contado a ellos y Gerardo tuvo miedo que otra vez se pusieran a llorar.

Los tomó de la mano llorando como estaban y se dirigió a su casa para que miraran un rato la televisión.

Cuando iban saliendo se detuvo frente a la laguna del parque porque escuchó los maullidos de su gatito que estaba en la laguna y el sabía porque había leído en sus libros que los gatos no podían nadar.

Gerardo no lo pensó dos veces y se quitó los pantalones, se los dio a los gemelos quienes estaban muy asustados al ver al gatito en apuros y se sentaron a la orilla a esperar a su hermano que ayudara a su mascota.

Gerardo sacó al gato empapado del agua y lo puso en la orilla.

Cuando ya estaba a punto de salir del parque Gerardo oyó la voz del policía que gritaba su nombre a sus espaldas.

Gerardo tomó el gatito en sus manos y a los gemelos y se fue corriendo para su casa.

Hasta allá lo siguió el policía. Gerardo tenía mucho miedo de abrir la puerta cuando oyó el timbre, pero el policía insistió y tocó el timbre varias veces.

El corazón de Gerardo se salía de sus costillas al oír el timbre pero como era un muchachito valiente se llenó de fuerzas y abrió después de mirar por la ventana y asegurarse que no era un extraño.

El policía lo miró con una amplia sonrisa y le dijo: —Oye "mijo" hiciste un gran trabajo al cuidar a tus hermanos tan bien en el parque. No solo eso también vi cómo le salvaste la vida a tu gatito.

Gerardo lo miró sonriendo y le dio las gracias por aquellas palabras tan bonitas.

—Mi sueño es ser policía como usted, lo admiro mucho, un día yo me pondré un uniforme como ese y me pasearé por otro parque supervisando que los niños y las mascotas estén seguros.

Cuando su mamá llegó le dio un abrazo y un sobre. —Te lo mandó tu abuelita por haber cuidado a los gemelos. Eres un niño muy bueno y responsable, el policía del parque me dijo que habías cuidado muy bien a tus hermanos y que le salvaste la vida a Silvestre. Estoy muy orgullosa de ti.

Los gemelos al oír que su mamá había llegado, dejaron de mirar la televisión y corrieron a abrazarla.

Desde aquel día Gerardo sintió que él era el hombrecito de la casa. Supo que cuando creciera, sería un buen policía.

Su papá viajaba fuera del país y muchas veces estaba fuera por varias semanas. El era el ayudante de su mamá y se sentía el jefe de la casa.

Pasaron los años y Gerardo creció y se convirtió en el policía que siempre había querido ser desde que era un niño.

1. ¿Que le dijo su mamá a Gerardo?

2. ¿Qué quiere ser Gerardo cuando crezca?

3. ¿Cuáles actividades hace Gerardo con sus hermanos gemelos?

4. ¿Por qué se ponen a llorar los gemelos y cuales preguntas le hace el policía a Gerardo?

LAMPARITAS LA ARDILLITA MENTIROSA

Lamparitas la ardillita mentirosa
(3 -7 años)

Había una vez una ardilla que se llamaba Lamparitas, y vivía con otras ardillas y muchos animalitos en el bosque. Era una ardillita muy amigable y tenía muchos amigos, pero tenía un gran defecto. Era muy mentirosa.

Un día llegó el día de su cumpleaños y Lamparitas se levantó temprano y se fue donde estaba Juana la lechuza para que la ayudara a invitar a su fiesta a los animalitos del bosque.

—Juana, quiero pedirte un favor, invita a todos los animalitos del bosque a mi fiesta de cumpleaños, quiero que vengan muchos. Me encantan los regalos y partir la piñata de cocodrilo que me regaló mi tía Mecha.

La lechuza Juana se fue volando e invitó a todos los animalitos que se encontró en el camino.

El domingo, todos llegaron con sus mejores trajes de fiesta para festejar el cumpleaños de Lamparitas.

Algunos trajeron nueces, de todas clases, hasta algunos envueltos en chocolate preparado en casa. Otros le trajeron unos juguetes que son especial para ardillas, otros, trajeron instrumentos musicales y galletitas.

Todos ellos habían ido al pueblo a hacer las compras para que Lamparitas tuviera un cumpleaños muy feliz aquel día.

Por su lado, Lamparitas había ido al pueblo con su tía Mecha a comprar golosinas y muchos dulces para poner en la piñata, también trajo, sombreritos para sus invitados, y cornetas. No se le olvidó los refrescos ni el pastel del cumpleaños.

Los hermanos conejos trajeron sus instrumentos musicales y los tocaron para que los animalitos pudieran bailar y la fiesta estuviera muy animada.

Todos cantaron cumpleaños feliz, a Lamparitas y luego él partió el queque, para que todos sus amigos comieran.

No faltaron las bolsitas que repartió al final de la fiesta con los alimentos favoritos de los animales.

Los conejitos recibieron deliciosas zanahorias, los conejos recibieron pasto fresco, las culebras del monte, comieron saltamontes y los topos y ratones comieron queso fresco.

Tan linda quedó la fiesta, que a Lamparitas no se le ocurrió decir mentiras en aquel día aunque era uno de sus pasatiempos favoritos el engañar y jugarles bromas un poquito pasadas de tono a sus amigos.

Un día les había dicho que habían unos cazadores en el bosque y todos los animalitos asustados habían corrido a refugiarse y pocas horas más tarde Lamparitas se carcajeaba sola en su árbol, al acordarse el susto que les había dado.

Otro día había asustado a los animalitos diciéndoles que el cocodrilo que vivía en el pantano andaba por el bosque y luego les había dicho que era mentiras.

Ya los animalitos no le creían nada pero siempre lo perdonaban porque Lamparitas era una ardilla muy buena que siempre los ayudaba cuando estaban en algún apuro.

Cierta tarde unos ocho meses después de que su cumpleaños hubiera pasado a Lamparitas se le ocurrió echar una mentira para divertirse.

El mismo fue tocando puerta por puerta y volvió a invitar a los animalitos del bosque a su fiesta de cumpleaños.

«*Ya ni se acuerdan que yo cumplí años hace unos meses. Estoy segura que vendrán a mi fiesta y me traerán muchos regalos*» — pensó Lamparitas. «*Lo único que tengo que hacer es invitar a todos los animalitos, pero esta vez no le diré a la lechuza Juana que me ayude porque ella es muy astuta*»

Lamparitas aquella tarde se fue por todo el bosque e invitó a sus amigos a la fiesta y todos le dijeron que si irían.

Sin embargo muchos se preguntaban porque tan pronto, ellos no tenían un calendario y no sabían en que día vivían, pero si recordaban que no era mucho el tiempo que había pasado desde que Lamparitas había tenido su cumpleaños.

La lechuza Juana que era muy inteligente reunió a los animalitos y les dijo: —Muy fácil, saber si Lamparitas está mintiendo. El año solo tiene cuatro estaciones. La primavera, el verano, el otoño y el invierno.

La lechuza Juana era la maestra del bosque y todos los animalitos le prestaban mucha atención cuando ella hablaba.

Juana continuó diciendo: —A ver Ojitos, —le dijo a la lombriz que se había acercado donde ella estaba.

—¿Dime como es la estación de la primavera? La lombriz quien era una alumna que siempre ponía atención contestó: —La primavera es la estación en la que nacen las flores aquí en el bosque.

—Muy bien, muy bien!! —dijo la lechuza Juana. —Tu te acuerdas haber visto flores cuando Lamparitas cumplió años o había nieve por todas partes.

El conejo Calloso, que estaba cerca escuchó la conversación y dijo: —Estaban los campos floreados, yo me acuerdo porque la primavera es mi estación favorita en que todo lo que como sabe rico. El césped huele y sabe a fresco.

—Entonces, si tu recuerdas perfectamente, Lamparitas no está de nuevo cumpliendo años. Nos está mintiendo, para que le llevemos muchos regalos otra vez. —Dijo la lechuza Juana un poco enojada.

—Ahora seremos nosotros los que le vamos a jugar una broma a Lamparitas para que aprenda a no echarnos mentiras.

Aquella tarde todos los animalitos del bosque se reunieron en la cueva donde siempre realizaban sus reuniones pero no invitaron a Lamparitas.

«Qué extraño que no me invitaron a la reunión los animalitos, siempre les gusta que yo participe y los ayude a servir las golosinas. ¿Porque no me habrán invitado? —Se preguntaba Lamparitas muy extrañado.

Cuando llegó el día en que Lamparitas había planeado hacer su fiesta, todos los animalitos con sus mejores galas se presentaron a la fiesta pero no llevaban regalos.

Cuando entraron lo saludaron con un jaloncito en su cola y le dijeron —Feliz no cumpleaños amiguita mentirosa.

Lamparitas estaba muy triste y avergonzada que los animalitos la hubieran agarrado en esa mentira.

Les pidió perdón y les prometió que nunca más les volvería a mentir. De todas maneras todos disfrutaron de las golosinas que el había preparado excepto por el pastel que Lamparitas en el cual no hubo velitas de cumpleaños.

El año siguiente cuando Lamparitas cumplió años nuevamente, los animalitos se organizaron muy bien y le celebraron un hermoso cumpleaños.

Todos llevaron golosinas, una piñata bien llena de dulces y le cantaron Cumpleaños Feliz.

El pastel era tan enorme y tan lleno de nueces que tardaron una semana entera para terminar de comérselo.

Lamparitas recibió muchísimos regalos y eso lo enseñó a él que para cumplir años no hay que mentir. una sola mentira.

Y así lo hizo, de ahí en adelante, Lamparitas se convirtió en una ardillita muy sabia y todos los animalitos le pedían consejos cuando así lo necesitaban.

1. ¿Por qué le pide ayuda Lamparitas a su amiga Juana la lechuza?

2. ¿Cuál defecto tiene Lamparitas que no les gusta a sus amigos?

3. ¿Qué se le ocurre a Lamparitas para jugarles una broma a sus amigos?

4. ¿Cuál lección aprende Lamparitas y no vuelve a mentirles a sus amigos?

RICARDO QUIERE UNA GUITARRA

Ricardo quiere una guitarra
(10-12 años)

Había una vez un niño que se llamaba Ricardo. Tenía once años, ya casi cumplía los doce y era un niño muy bueno con sus padres. Siempre hacía sus tareas, luego sacaba la basura y ayudaba a lavar los platos después de la cena.

Cierto día mientras miraba la televisión, vio un grupo famoso de rock que tocaba una de sus canciones favoritas.

Nunca antes había pensado en querer ser un guitarrista pero ese día, se dijo asimismo.

«Ya sé lo que quiero ser. Voy a aprender a tocar guitarra para tocar con un grupo famoso».

—Mami, me puedes regalar una guitarra para el cumpleaños, quiero ser un guitarrista famoso. —Dijo Ricardo entusiasmado.

—Hijo, no sé si podremos, tu sabes que yo no trabajo y tu papá es el que sostiene la casa y apenas nos alcanza para cubrir los gastos necesarios. —Respondió su madre un poco angustiada.

Luego sin que Ricardo tuviera tiempo de responder ella continuó diciendo: —Además si te compramos una guitarra ¿Quién te va a dar las clases?

Ricardo se puso a pensar en eso y decidió no insistir más y cambió el tema diciendo: — Talvez para navidad, mi papá pueda comprarme una guitarra aunque sea usada. A mi no me importaría. ¿Puedo ir a jugar con mi amigo Enrique, mamá?

Su madre acarició sus cabellos y contestó: —Está bien "mijito" pero ten mucho cuidado y ya sabes al atravesar las calles, te bajas de la bicicleta. Ricardo asintió con su cabeza y casi al cerrar la puerta respondió: —Está bien mami, vuelvo en unas tres horas. Guárdame dos tortillas con queso de las que estás preparando.

Ricardo salió en su bicicleta y cuando había pedaleado tres cuadras se le ocurrió la idea que en vez de ir a jugar con su amigo Enrique, podría trabajar y así juntar un dinerito y con el mismo comprarse una guitarra.

Se regresó a su casa y entró en el garaje y tomó la cortadora de césped de su papá y se fue caminando por el vecindario para buscar trabajo.

Era un sábado y muchos de sus vecinos no estaban en casa, otros, le dijeron que no, y por fin cansado regresó a su casa a dejar la máquina.

«Ya sé lo que voy a hacer. Voy a preguntarles a los vecinos si quieren que les haga algún mandado. Si me dicen que sí, pues me pagarán y con eso reúno el dinero que necesito para comprarme la guitarra» pensó Ricardo y salió nuevamente al vecindario.

Doña Juanita, una ancianita que vivía al frente de su casa le dio dinero para que fuera a la tienda de la esquina a comprarle un galón de leche y un bollo de pan.

Cuando Ricardo regresó le había sobrado un poco de dinero, no mucho, solo unos centavos. Cuando quiso devolverle los centavos a doña Juanita quien no sabía nada de la guitarra ésta le dijo: —No "mijito", de ninguna manera usa ese dinerito para que te compres unas golosinas. Mira, toma esta naranja, la acabo de bajar de mi árbol. Hace mucho calor y te quitará la sed.

Ricardo miró los centavos en su mano y luego miró la naranja y después de darle las gracias a doña Juanita se alejó y siguió tocando puertas pero nadie necesitaba ningún mandado que él pudiera hacer.

Había pedaleado como unas seis cuadras y ya se disponía a devolverse a su casa cuando se acordó de la naranja que traía en la canasta de su bicicleta y se sentó en la banqueta para comérsela.

La estaba pelando cuando de pronto vio que un perrito se acercó a él y comenzó a comerse las cáscaras de la naranja que Ricardo tenía a su lado.

Ricardo rio y acarició al perrito el cual le movió su colita alegremente. Cuando Ricardo terminó de comer su naranja subió a su bicicleta y se dispuso a regresar a su casa.

De pronto vio que el perrito lo estaba siguiendo y Ricardo detuvo su bicicleta pues le dio miedo que si el perrito lo seguía hasta su casa, se fuera a perder y además lo podía atropellar un auto.

«¿Donde vivirá este perrito? Parece que está perdido. ¿Qué voy a hacer, si me sigue? Se puede perder y un auto lo puede atropellar. No lo puedo dejar aquí solito.» Pensó Ricardo mientras tomaba al perrito en sus manos y lo colocaba en la canasta de su bicicleta.

Era un perrito maltés, de unas tres libras, el más chiquito que Ricardo hubiera conocido, no se parecía en nada a Manchas el perro de sus abuelos quien era tan alto como él.

Miró su collar y vio que el perrito tenía dueño. Tenía el nombre del dueño en la cadenita, el número de teléfono y la dirección.

Ricardo se subió a su bicicleta y con el perrito en la canasta se dirigió a la dirección que estaba escrita en la plaquita que colgaba del cuello del perrito.

Estaba en la misma cuadra donde Ricardo se había encontrado el perrito. Antes de tocar la puerta a Ricardo se le ocurrió la idea de que si decía que había encontrado al perrito lejos de la casa, a él probablemente le darían una recompensa y con ese dinero se podría comprar una guitarra.

Ricardo no era un niño mentiroso, su mamá y su papá siempre le habían enseñado que no era bueno echar mentiras y que siempre tenía que decir la verdad.

«Diosito, nunca más mentiré pero lo voy a hacer ahora porque nadie me da trabajo y necesito comprarme la guitarra para empezar a aprender. Si digo que encontré al perrito cerca de su casa, no me darán recompensa, si dijo que estaba lejos los dueños agradecidos me darán algo de dinero.»

Sin pensarlo dos veces tocó la puerta con unos golpes leves. Un ancianito con andadera salió a abrir. Ricardo con el perrito en las manos, se lo mostró a su dueño.

—Señor, encontré a este perrito cerca de la calle Los Venados, tuve temor que lo atropellara un auto y lo traje hasta aquí en mi bicicleta. En su plaquita está la dirección de su casa. ¿Es suyo este perrito? —Dijo Ricardo, mientras le entregaba el perrito a su dueño.

—Gracias "mijito" si, claro, es nuestro perrito, Avalanchas, me pregunto cómo se habrá salido este bandido. Nunca se lo permitimos. De seguro cuando yo salí esta mañana a recoger el periódico, se escapó, pero "mijo" pasa, debes estar cansado. La calle Los Venados está lejos de aquí. Ven y tómate un refresco con nosotros.

Sin que Ricardo pudiera contestar, el ancianito llamó a su esposa diciéndole: —Elena, Elena, tráeme un buen vaso de naranja, hay un niño que encontró a Avalanchas, en la calle Los Venados y lo trajo de vuelta.

Ricardo vio a una señora muy ancianita que se apoyaba en un bastón que había llegado hasta la sala con un vaso de jugo de naranja en sus manos.

Ricardo se sentía mal de haber engañado este par de ancianos y le dolía el corazón haberles mentido.

La ancianita muy amable, no solo le dio un jugo de naranja en un vaso muy grande y con mucho hielo sino que también le dio unas empanadas de piña deliciosas para acompañar el refresco.

—Avalanchas, eres un perrito malo, si este niño no te encuentra, no sé dónde estarías ahora, talvez te hubiera atropellado un auto. Dale las gracias a este niño que es tan honrado y te trajo de vuelta a casa. Pudo haberte abandonado a tu suerte o llevado para su casa. —Dijo la ancianita reprendiendo al perrito.

El anciano sacó un billete de cien pesos de su bolsillo y se lo extendió a Ricardo.

—Toma hijo, este es tu premio por habernos traído a Avalanchas. No sé que haríamos sin él. Es como nuestro hijo. El hijo que nunca tuvimos.

Ricardo lo miró confundido y se sonrojó mientras decía: —No, de ninguna manera puedo aceptar este dinero, es mucho. No, gracias señor, pero no me lo merezco.

Ricardo quería desaparecer de aquella sala, no quería el dinero que él sabía no se había ganado. Prefería no comprarse la guitarra que tomar un dinero que no se merecía.

Los ancianitos de ninguna manera le permitieron rechazarlo. Se lo metieron en el bolsillo y lo despidieron haciéndoles prometer que volvería a visitarlos otro día.

Ricardo avergonzado salió de la casa sintiéndose una hormiga. No sabía porque les había desobedecido a sus padres. No quería tener ese dinero, le quemaba sus manos.

Cuando llegó a la casa, su mamá le sirvió la cena pero Ricardo estuvo muy callado durante toda la comida, cosa que no era normal pues él hablaba mucho con sus padres de actividades de la escuela, de sus amigos y de muchas cosas más.

Cuando subió a su habitación, recordó que al día siguiente era domingo y que el orfanatorio estaría abierto al público para que las personas pudieran llevarles juguetes a los niños huérfanos.

A la mañana siguiente, Ricardo se levantó temprano y le pidió permiso a sus papás para ir a dar un paseo en su bicicleta. No quiso entrar en detalles para no tener que dar explicaciones sobre porque quería visitar el orfanatorio.

—No te alejes mucho "mijo" —dijo su papá mientras tomaba su desayuno. —Quiero que estés de vuelta para almorzar juntos.

Ricardo respondió: —Por supuesto papi, estaré de vuelta antes de mediodía.

Saliendo de la casa, se dirigió a la juguetería que estaba cercana al orfanatorio y compró los cien pesos en juguetes para los huerfanitos.

Compró bolas de tenis, juegos de mesa, pistolas de agua, libros de cuentos, una pelota para jugar futbol, unos cuantos carritos de cuerda, y hasta le alcanzó para comprar unos dulces para llevárselos a los huerfanitos.

Cuando llegó al orfanatorio, una monjita le abrió la puerta y lo hizo pasar a un salón donde había otros visitantes a los cuales recibieron con un pastel y un refresco de fresa.

Ricardo esta vez disfrutó mucho de la merienda porque sentía su conciencia más aliviada.

Antes de entregar los juguetes, le dijo a la directora del orfanatorio.

—El dinero con el que les compré estos regalitos, no es mío. Me lo dieron unos ancianitos que viven en mi vecindario. Yo insistí en que no me lo dieran pero ellos no aceptaron que yo se los devolviera. Como ese dinero yo no me lo merecía pues les había mentido a ellos para obtenerlo, entonces, lo compré en regalos para los huerfanitos.

Cuando la monjita escuchó la historia de Ricardo, se emocionó muchísimo y se la narró a los niños del orfanatorio quienes alegres abrazaron a Ricardo y lo felicitaron.

Ricardo satisfecho regresó a su casa con sus bolsillos vacíos pero con su corazón rebozando de alegría.

Cuando regresó se encontró con la sorpresa que le dio su madre, sus abuelitos estaban en el teléfono y lo habían llamado para decirle que vendrían la próxima semana a visitarlo. Eso era una verdadera sorpresa para Ricardo pues tenía meses de no verlos y los quería muchísimo.

Por fin el día llegó en que los abuelitos lo visitaron. A Ricardo se le habían hecho eternos los días desde que su visita había sido anunciada.

—¡Abuelita, abuelito! ¡Que gran alegría, los quiero muchísimo!

Sus abuelos lo abrazaron y le dieron muchos besos, tenían muchas semanas de no visitarlo porque vivían lejos y ya estaban mayores.

—Ven Ricardo, te trajimos una sorpresa que ni te imaginas. —Dijo el abuelo, mirando a la abuela con ojos picarescos.

Ricardo los miró pero no se imaginaba cual era la sorpresa que le habían traído. Pensó en Manchas el perrito que tenían sus abuelos y al cual hacía mucho no veía. También se le ocurrió que quizás sus abuelos le había traído los guantes de boxear que él había dejado olvidados en su casa, cuando los había visitado la última vez.

—Ven "mijo" está en el auto, ven, ya quiero darte lo que te trajimos. —Dijo el abuelito con ojos brillantes como un par de estrellitas.

Ambos salieron por la puerta y su abuelita y sus padres salieron también. Todos querían ver la cara de Ricardo quien se acercaba al auto con su abuelo, y los dos estaban ansiosos por llegar.

Cuando el abuelo le dio la caja, Ricardo no se imaginó lo que había dentro pero cuando la abrió no podía creer lo que estaba viendo.

La guitarra eléctrica, igualita a la que él había visto en la televisión, estaba frente a sus ojos, hasta los mismos colores, era color azul con plateado y con partes metálicas inoxidables.

Junto a la guitarra, había un libro de unas doscientas páginas que tenía como título "Curso de clases de guitarra fácil para niños".

Ricardo se volvió a su abuelo y quiso pellizcarse, no podía creer lo que estaba sucediendo.

—"Mijo" te quedaste como estatua de mármol. —Dijo su abuelo riéndose a carcajadas.

Ricardo abrazó a su abuelo y le dijo: ¿Cómo supiste que deseaba una guitarra como ésta?

Su abuelo a la vez que lo abrazaba, le dijo al oído. —Lo soñé, tú me lo dijiste en un sueño, y yo compré una rifa y me la gané.

Ricardo después de abrazar a todos y compartir con ellos, aquella noche se fue a su cama completamente seguro de que los milagros existían.

El era el mejor testigo que aquella guitarra que hoy estaba en su dormitorio era un milagro y un premio por su arrepentimiento a la mentira que había dicho.

Antes de dormirse se prometió asimismo nunca más volver a mentirle a nadie. Acomodó su almohada y se arrolló en sus cobijas y junto a su cama colocó la guitarra.

Aquella noche soñaría que estaba en un gran escenario tocando sus canciones favoritas ante una enorme audiencia.

1. Porque quiere Ricardo una guitarra?
2. ¿Qué le dice su mamá cuando Ricardo le pide la guitarra?
3. ¿Cuál trabajo se le ocurre a Ricardo que puede hacer?
4. ¿Porqué Ricardo regala los cien dólares al orfanatorio?

¿LA DAMA O EL TIGRE

10

¿El tigre o la dama?
(10-12 años)

Había una vez un rey que vivía en la comunidad de los bárbaros y creía en el destino fielmente.

A todos los acusados de su palacio los castigaba de una manera muy peculiar.

El creía que si el sentenciado no se merecía un castigo sino un premio, iba a salir bien librado y en vez de castigado iba a ser premiado por el destino.

El rey tenía unas arenas detrás de su palacio donde había dos puertas que daban a dos celdas que se encontraban selladas.

En una de las celdas el rey escondía el tigre más feroz y hambriento que había sido capturado en las selvas amazónicas y en la otra celda había siempre una damita, hija de algún cortesano, que quería casarse por amor y no por dinero.

Cuando algún hombre era sentenciado, el rey lo enviaba a las arenas del palacio y le indicaba que tocara una de las dos puertas de las celdas.

Si el hombre tocaba la puerta donde estaba la dama, la joven salía de la celda y todas las personas que presenciaban el juicio, aplaudían y lanzabas gritos de alegría porque sabían que el sentenciado se casaría con aquella damita y habría fiesta en el palacio.

Si por el contrario la puerta que tocaba el sentenciado era la otra, entonces el tigre que se encontraba en la celda salía y corría hacia donde el sentenciado se encontraba y lo devoraba destrozando su cuerpo en mil pedazos.

Las personas del público se horrorizaban y algunas no soportando ver al hombre morir y agonizar siendo devorado por aquel tigre feroz y hambriento, se iban a sus casas para no escuchar los gritos desesperados del sentenciado.

Pues bien este rey tenía una hija, quien era su mayor tesoro. Su esposa había muerto al nacer la niña y para el rey no había nada que lo complaciera más que ver a su hija feliz.

Cierto día uno de los jardineros fue mordido por una víbora y aquella mordedura le causó su muerte y el rey se vio obligado a contratar un nuevo jardinero.

El nuevo jardinero era un hombre corpulento, joven y muy apuesto.

Cierto día la hija del rey se encontraba en el jardín cortando algunas rosas para llevarlas a su dormitorio cuando el jardinero se acercó y le dijo:
—Estas rosas son bellas pero nada iguala la belleza de tu piel y de tus manos. Eres una princesa, y no puedo aspirar a tu amor, pero si pudiera hoy mismo te haría mi esposa.

Diciendo esto, el joven recogió sus herramientas las puso en el carretillo y se dispuso a irse a su casa.

Sorpresivamente sintió las manos de la princesa en sus hombros al mismo tiempo que le decía: —Una princesa como yo tiene derecho a elegir un hombre que sea tan hermoso como tú. No me importa si eres pobre o vasallo pues tu belleza me hace ignorar todo eso.

El jardinero miró a la princesa y un beso selló sus labios sin que pronunciaran palabras.

En aquel momento el jefe de las tropas del palacio iba atravesando los campos y los miró besarse en aquel beso que no parecía terminar.

Sigilosamente sin que nadie lo viera entró en el palacio y se dirigió a las habitaciones del Rey quien descansaba después de la cena.

—Su Majestad, no es mi deseo perturbar su descanso pero hay algo que debe saber antes que la pena embargue su corazón para siempre.

El rey se incorporó en su lecho y miró a su súbdito sin entender lo que éste le había dicho.

—Hable claro, de una buena vez, no me gustan las metáforas ni las oraciones incompletas. ¿Por qué cree usted que mi alma se embargará de pena si no lo escucho?

El soldado, inclinó su cabeza en señal de reverencia hacia el rey y habló de la siguiente manera: —Hay un intruso al cual usted le da un lugar en su palacio, quien también come de su mesa, él está intentando robar su mayor tesoro, la princesa Elizabeth.

¡Cómo se atreve a hablarme así! —gritó el rey furioso. ¡Hable de una buena vez! ¿Qué me está queriendo decir?

El caballero, intimidado por la furia del rey continuó diciendo: —Cuando venía camino al palacio Su Majestad, encontré a su hija en los jardines donde las rosas más bellas del palacio, crecen. No estaba sola, sus labios eran besados por el nuevo jardinero que llegó hace cinco días.

Al oír esto el rey se ruborizó y se llenó de furia y dando un puñetazo en la mesa lanzó un grito repentino.

¡Dele orden inmediatamente a todos sus soldados a que arresten a ese maldito! —Ordenó el rey lleno de ira.

El caballero quien estaba lleno de celos después de haber visto la escena entre el joven jardinero y la hija del rey se sintió complacido de cumplir las órdenes del rey de inmediato.

La princesa se encontraba en las caballerizas del palacio recostada sobre el heno y su amado estaba junto a ella con una guitarra cantando una tierna canción de amor.

Impetuosamente entraron los soldados y sin pronunciar palabra, tomaron al jardinero entre varios hombres y lo ataron con cuerdas y se lo llevaron a la celda de los sentenciados sin decir palabra.

La princesa se encerró en su cuarto desde aquel día y no quería salir ni a saludar a su padre por el gran dolor que le causaba no estar junto a su amado.

La víspera del día del juicio, la princesa le suplicó a su padre que le permitiera ir a ver a su amado por unos cuantos minutos nada más.

El rey al ver que su hija había adelgazado y palidecido tanto y los doctores del palacio no tenían medicina para ella, tuvo temor de perderla y se lo permitió.

A medianoche, junto a su nana, la princesa bajó los escalones hasta el calabozo, donde se encontraba su amado y con una candela en las manos se acercó a la celda que estaba resguardada por seis hombres uniformados y doce candados de alta seguridad.

El jardinero al verla no pudo contener su alegría y acercando su boca al oído de la princesa le dijo: —El hijo de tu nana es el mayordomo que limpia la jaula del tigre diariamente. Dile a tu nana que le pregunte si el tigre está en la puerta izquierda o la derecha. No quiero que me destroce mañana cuando yo salga a la arena.

La princesa con lágrimas en sus ojos y llena de angustia le dijo a su amado: —No te aflijas amor mío eso no te ocurrirá jamás, yo te haré una señal tocando mi cabello para indicarte si el tigre está al lado derecho o izquierdo.

El jardinero ansioso, respondió: —Amor, no te entiendo. ¿si te tocas tu cabello del lado derecho, me estarás indicando que el tigre está a la derecha?

Ella lo miró llorando y le dijo: —Si amor, no te preocupes, así será. No quiero perderte, te lo juro que no te perderé.

Solo tenían tiempo de darse un ligero beso en los labios y la princesa salió apresuradamente del calabozo junto a su nana.

—Nana, no puedo perder a mi amado, necesito tu ayuda. Dile a tu hijo que te indique en cuál de los dos lados estará la celda del tigre mañana. Luego tú me dices a mí. Por favor nana, es muy importante averíguame mañana y me dices.

La nana amaba a su niña, la princesa, la había criado como a su hija, sabía lo que ella sufriría si al joven jardinero se lo devoraba el tigre.

La princesa se fue a dormir pero no pudo pegar los ojos en toda la noche. De pronto se le vino una idea que la atormentó aún más. Las horas estaban contadas para ella y su amado novio.

Si el joven tocaba la puerta y se abría la que liberaba el tigre, su amado moriría en garras de aquel tigre feroz que había estado hambriento por tres días.

Si el joven tocaba la puerta por donde salía la dama, se vería obligado a tomarla entre sus brazos y besarla para luego entre aplausos de los cortesanos hacerla su esposa ante Dios y la ley.

La princesa de pronto se dio cuenta que ella perdería a su amado de todas maneras.

«¿Qué me irá a doler más... verlo en brazos de otra mujer y casándose con ella o verlo devorado por las mandíbulas feroces del tigre?»

No sabía cuál era la mejor opción, toda la noche pasó llorando y debatiéndose entre los celos y la compasión por su amado.

Cuando despertó la nana le entregó un sobre donde venía la respuesta que ella le había solicitado al hijo de su sirvienta.

La princesa abrió cuidadosamente el sobre y lo leyó, luego con sus ojos hinchados de llorar, se guardó el sobre en su bolsillo y segura de lo que estaba haciendo se dirigió a las arenas a presenciar el juicio más doloroso que jamás antes había visto.

Obedientemente se sentó junto a su padre y pocos minutos después entró su amado a las arenas, escoltado por cuatro soldados.

Era la costumbre del prisionero acercarse al rey y honrarlo con un saludo antes de ir a tocar una de las puertas.

La princesa, disimuladamente se arregló su cabello tocándolo del lado derecho.

El joven jardinero sonrió satisfecho y se fue muy seguro a tocar la puerta izquierda.

¿Quién estaba detrás de esa puerta? La dama o el tigre? Eso nunca se sabrá, la princesa hizo una decisión y lo que ella decidió le puso punto final de esta historia.

Y nos queda ese final a imaginación de los lectores.

1. ¿Dónde manda el rey a los criminales del pueblo?

2. ¿De quien se enamora la princesa?

3. ¿Qué le ordena el rey a su sirviente cuando se entera de quien es el novio de la princesa?

4. ¿Qué piensa la princesa la noche anterior a que su amado salga a las arenas?

LAS ALAS MÁGICAS DE LA LIBÉLULA

11

Las alas mágicas de la libélula
(10-12 años)

Había una vez una comunidad de libélulas que vivían en un pantano muy oscuro, donde la luz no penetraba ni el sol calentaba. Sin embargo, todas ellas disfrutaban de aquel mundo de oscuridad y del lodo donde habían hecho sus viviendas.

Ahí nadie las molestaba ni ellas molestaban a nadie, todas se ayudaban entre ellas y como no conocían la luz del día, no la necesitaban.

En su comunidad tenían sus alimentos y el amor que se daban unas a las otras les bastaba para ser y vivir felices. Ninguna de ellas tenía un espejo para mirar sus cuerpecitos frágiles pero no les importaba, pues vivían muy juntitas y no necesitaban nada más que la compañía de las unas con las otras.

Un día, la más ancianita de ellas, les dijo a sus compañeras. —Queridas amigas, las quiero mucho, pero ha llegado el momento en que tengo que irme lejos de lo que hasta hoy ha sido mi casa. Me voy a un lugar desconocido, donde quizás ustedes un día llegarán a visitarme pero por ahora no podrán acompañarme.

Las libélulas se miraron con caritas de angustia e inmediatamente respondieron: —No!! No te vayas amiguita, te queremos mucho. Nos harás mucha falta, te extrañaremos demasiado, por favor quédate con nosotros.

La libélula las miró tristemente y respondió: —Quisiera quedarme aquí con ustedes para siempre o al menos llevarme a una de ustedes por compañera pero no puedo. Ustedes no están listas para salir de lo que hasta hoy ha sido nuestra casa. Lo que sí puedo prometerles es volver a visitarlas para que sepan donde me he ido.

Aquel mismo día, cuando las libélulas se ocuparon de sus quehaceres, la más ancianita de las libélulas, salió sin hacer mucho ruido y se alejó de la comunidad.

Cuando las libélulas se dieron cuenta de su ausencia, se unieron y abrazadas lloraron muy fuerte por su compañera quien las había dejado en un total desconsuelo.

Mientras tanto la libélula que había salido de aquel mundo oscuro y pantanoso donde vivía se sorprendió al abrir sus ojos y ver el mundo nuevo donde se encontraba.

En aquel mundo había algo que ella nunca había visto, el cielo celeste y en el mismo una esfera dorada que le daba a los jardines su reflejo y su calor, ya no sentía frío, todo era colorido en aquel lugar.

La libélula no podía explicarse como había llegado hasta allá.

Pensó en su familia y sus amigas, las cuales habían quedado en la oscuridad y quiso devolverse para invitarlas a que disfrutaran de aquellas maravillas junto a ella.

—Qué dirán mis amigas cuando vean este mundo maravilloso, estoy segura no van a querer regresar a la oscuridad en la que viven hoy! —Dijo la libélula entusiasmada. —¡Este lugar es más bonito de lo que nadie puede imaginar!

En aquel lugar había pastos verdes, con muchas flores de diferentes colores. De pronto, para su sorpresa, la libélula se dio cuenta que en aquel lugar también vivían otras libélulas que se movilizaban de un lugar para otro usando unas alitas brillantes y transparentes que les permitía movilizarse.

Se dijo para sus adentros: —Ay qué lindo sería si yo también pudiera volar como ellas, iría a ver a mis amigas y a mi familia del pantano y les tomaría de la mano para que vinieran conmigo hasta este hermoso lugar.

De pronto para su asombro se dio cuenta que ya sus patitas no se encontraban sobre el césped. Ahí fue cuando entendió que ella tenía alas y que podía volar también.

—¿Pero cómo, cuándo sucedió esta transformación? ¡Mi cuerpo ha cambiado. Ya no soy aquel gusanito que salió del mundo oscuro donde todavía vive mi familia y mis amigos!

No entendía nada, pero volaba y volaba sin parar y otras libélulas la saludaban y la invitaban a posarse sobre las hermosas flores que en aquel jardín encantado se encontraban.

—No puedo quedarme aquí. —Dijo la libélula de pronto. —Tengo que ir a avisarles a mi familia y a mis amigos y contarles donde me encuentro para que ellos también vengan a disfrutar junto conmigo.

Una libélula con alas grandes y muy brillantes la miró y le dijo dulcemente: —Se lo que quieres hacer, pero no va a hacer posible. Tus amigas y tu familia no podrán subir hasta aquí, al menos por ahora, ni tu tampoco podrás bajar hasta el mundo oscuro donde se encuentran ellos ahora. Ellos son felices ahí, te extrañan mucho, sí, pero un día ellos también estarán aquí contigo.

Aun así la libélula no quedo convencida de que no podría bajar a donde se encontraban sus seres tan queridos para ella.

Cuando nadie la veía se alejó y miró hacia abajo y vio el pantano donde estaban sus amigas y familiares. Sin pensarlo más voló a toda velocidad hacia el lugar e intentó entrar en el lodo.

Por más intentos que hizo no pudo lograrlo, sus alitas brillantes y transparentes no se lo permitieron.

Hizo el intento varias veces pero todo fue en vano, no podía volver al mundo del cual había salido.

Se sentó en una roca y derramó algunas lagrimitas en silencio. De repente, escuchó la voz de aquella libélula de alas grandes y brillantes, aquella nueva amiga que le había dicho que su familia y amistades no podían estar con ella.

—No llores, no tienes por qué estar triste, ya verás que poco a poco tus amigas y tu familia vendrán a este mundo maravilloso donde tú y yo nos encontramos hoy.

La libélula se limpió sus lagrimitas y la miró esperanzada mientras decía: —¿Cómo sabes eso? Ninguna de ellas conoce el camino hasta acá. Jamás podrán llegar hasta aquí, jamás las miraré nuevamente.

De pronto, miró como del pantano salía otra libélula, su gran amiga, su mejor amiga, se dio cuenta que ella ahora también tenía alas, aquellas alas brillantes y transparentes que le habían crecido en sus espaldas.

Corrió a recibirla, la abrazó fuertemente y le dijo: —¿Qué haces aquí, como me encontraste? ¡No entiendo nada. Pensé que nunca más te volvería a ver!

Ambas se abrazaron en silencio y la libélula que había salido del pantano dijo: —¡Qué mundo tan maravilloso! Nunca lo imaginé que sería así, tenía tanto miedo de salir del pantano y dejar a mi familia y amigos, pero ahora que te encuentro a ti, ya no siento temor, nuestra familia y amigos llegarán aquí algún día de la misma manera como llegamos tu y yo.

Sin pensarlo más dijo: —Pero espérame aquí iré a avisarles para que ellos también vengan a disfrutar con nosotros.

Su amiguita trató de detenerla pero no pudo. La libélula que acababa de salir ya había volado hacia el pantano pero no pudo entrar. Sus alitas no se lo permitieron, trató varias veces pero no pudo.

La libélula se acercó a su amiga y le dijo: —No te preocupes, ni te pongas triste. Yo también quise devolverme a contarles lo lindo que este lugar y tampoco pude hacerlo. Ya verás que poco a poco todas nuestras amigas y familia llegarán a este lugar, ahora lo sé.

Ambas miraron hacia el pantano y se dieron cuenta que otra libélula acababa de salir.

Felices se miraron una a la otra y sin pensarlo dos veces, fueron a su encuentro, y después de abrazarla y darle la bienvenida a aquel mundo colorido y maravilloso, le explicaron que en aquel lugar no había sufrimiento, ni frío, ni calor, ni dolor, ni hambre ni sed.

También le dijeron que no estuviera triste porque todas las libélulas, sus amadas amigas y su familia, un día llegarían a aquel maravilloso lugar con sus cuerpos transformados y dejarían aquel pantano oscuro para siempre.

Las tres muy juntitas volaron alegres sobre aquellas hermosas flores y nunca más intentaron entrar al pantano, sin embargo se acercaban al mismo cuando veían a sus familiares y amigos salir del mundo oscuro donde vivían.

1. ¿Cómo viven las libélulas en el bosque?

2. ¿Qué encuentra la primera libélula al salir del pantano?

3. ¿Por qué la libélula no puede regresar al pantano?

4. ¿Qué dice la última libélula que sale del pantano?

UN CUENTO DE NAVIDAD

12

Un cuento de navidad…
(10-12 años)

Había una vez un hombre que vivía solo en su casa en una de las principales avenidas de New York. Era la noche de navidad y aquel hombre tiritando de frío por no encender la chimenea y gastar el carbón.

El hombre contaba los billetes uno a uno, sin darle importancia a la nochebuena y observaba sus cajas llenas de monedas de oro que tenía escondidas en diferentes partes de su casa.

Este era un hombre amargado, que no tenía familia, nada más un sobrino quien lo quería mucho y lo buscaba constantemente pero aquel hombre no salía de su casa por temor a que alguien le robara el dinero que había acumulado por mucho tiempo.

De pronto el hombre, escuchó un ruído en la cocina y sigilosamente se acercó con una escopeta a la parte atrás de su casa pero no sorprendió a nadie.

Sin embargo sin saber de dónde procedía el ruido escuchó una voz que lo llamaba por su nombre. El hombre se asustó y trató de esconderse pero la voz tomó forma de un hombre que parecía hecho de humo o neblina el cual se sentó junto a él diciéndole: —No sé si me recuerdas, pero soy tu empleado, el que murió hace diez años y al cual no quisiste ir a enterrar por temor a que alguien te robara tu dinero.

El hombre temblando le suplicó a su empleado que se fuera y lo dejara en paz pero el empleado no quiso. Continuó hablando y entre más hablaba más mal se sentía aquel hombre avaro.

—No he venido solo, traje tres amigos conmigo. —Dijo el fantasma con voz temblorosa. El hombre quería esconderse en un lugar donde no pudiera ver a aquel fantasma pero el hombre de humo lo seguía a toda velocidad por toda la casa.

—Ya te dije que me dejes en paz, que quieres que te de para que te vayas, te regalo diez monedas de oro si me prometes dejarme tranquilo.

—Te equivocas no quiero tu dinero, quiero tu atención y no me iré de tu casa hasta que no me escuches.

El hombre desesperado finalmente aceptó escuchar a su empleado con tal que se fuera.

—Vine a salvarte de la tortura que te espera. Necesitas ser más caritativo, en esta noche de navidad tu empleado actual no tiene nada que comer con su familia porque tú le pagas muy mal. Tienes que ser más generoso y sé que lo vas a hacer después de lo que vas a ver esta noche. —Dijo el fantasma alarmando a aquel hombre cada vez más.

De pronto el fantasma desapareció y el hombre aliviado se fue a su cama para tratar de dormir. No había cerrado sus ojos aún cuando su ventana de pronto se abrió y entró otro hombre que parecía estar hecho de un humo verde, el cual se sentó en su cama.

—No te asustes, soy tu pasado, vine a llevarte a dar un paseo. —Dijo el fantasma amistosamente.

—No quiero salir de mi casa esta noche, no ves cuanto está nevando. ¿Acaso no te das cuenta de eso? —Dijo el hombre angustiado y un poco molesto.

—No tendrás que salir de tu casa, el viaje es mental. —Dijo el fantasma quien era chiquito y simpático. —Ven, asómate a esta ventana, mira tu pasado. Está frente a tus ojos. —Dijo el fantasma acercándose al oído del hombre.

—No quiero recordar el pasado, duele mucho, no quiero. Por favor déjame en paz. Mi hermanita murió, hace años, mi novia me abandonó y nunca más me volví a enamorar. No me recuerdes eso. Sácame de aquí por favor.

—Está bien me voy pero recuerda porque te abandonó tu novia, tú elegiste tu dinero y no el amor, por eso se fue ella, solo eso quiero que recuerdes. También tu hermanita pudo haber vivido si hubieras llamado a un doctor pero no quisiste gastar y por eso no lo hiciste.

El hombre angustiado se cubría sus oídos y su cara con sus manos. No quería recordar su pasado doloroso, donde había sufrido tanto.

Cuando estaba a punto de reconciliar su sueño, oyó que alguien tocaba la puerta de su casa.

—¿Quien podrá venir a esta hora? No estoy esperando a nadie, ya me quiero dormir. Estos fantasmas me asustaron mucho. Quiero dormirme en paz.

Los golpes en la puerta eran muy insistentes y aquel hombre se levantó se puso sus pantuflas y su bata de levantarse y se dirigió a abrirla.

¿Cómo estás querido tío? ¡Feliz Navidad! —dijo su sobrino con una voz entusiasta.

El hombre no invitó a su sobrino a pasar a su casa sino que le dijo: —¡Me estaba acostando! ¿Qué quieres? Dinero no tengo, ni tampoco un regalo para ti. Así que no me molestes.

El sobrino lo miró con ojos de misericordia y le dijo: —Tío vengo a invitarlo que vaya a mi casa con mi esposa y mis hijos a celebrar la nochebuena. No importa si no trae regalos, yo tengo algunos para usted.

—¿Cómo? ¿Qué estás diciendo sobrino? ¿Salir yo con esta noche? ... ni loco lo haría ¡vete por donde viniste y no me vuelvas a perturbar! ¡Ahora adiós y no regreses nunca, entendiste? ¡Nunca!

El sobrino miró a su tío con una inmensa compasión y se fue triste en su carruaje. Volteó su rostro para mirar si su tío estaba arrepentido de lo que le había dicho pero ya éste había cerrado la puerta de su casa.

Cuando aquel hombre entró a la casa, estaba muy enojado y refunfuñando se fue a su cama a descansar.

Cuando apenas había cerrado sus ojos, nuevamente, un temblor estremeció su cama y cuando despertó en los pies de su lecho estaba sentado otro fantasma de barba y cabellos azules.

—¡Ya no me asuste, váyase de una buena vez, no quiero que entre en mi casa sin mi permiso! ¡Váyase de una vez con sus amigos. No quiero visitas —Dijo el hombre realmente angustiado.

—No vine a asustarlo, soy su presente y vengo a invitarlo a que de un viaje corto conmigo y luego me iré.

—¡No quiero dar un paseo con usted!! —gritó el hombre furioso. —¡Salga de mi casa de inmediato!

—Solo estaré con usted unos minutos, si usted no viaja conmigo a su presente, tendré que esperar a que cambie su opinión y estaré aquí toda la noche esperándolo.

—¡Está bien, está bien, lléveme donde usted quiera y luego se va. Vamos de una buena vez!

El fantasma acercó al hombre a la ventana de la terraza de su jardín y le enseñó la casa de su sobrino, donde todos bailaban alegres, y también en un abrir y cerrar de ojos le enseñó la casa de su empleado, donde pobremente pero muy feliz cenaba con sus hijos y su esposa en aquella nochebuena.

—¿Qué quiere decirme con esto? —Dijo el hombre desesperado sin entender la razón de porque el fantasma le enseñaba algo que a él le repugnaba tanto.

—¡Odio las fiestas, se gasta mucho dinero en comida y en vestuarios, no me gusta el lujo. Odio el baile, y también la noche buena. Mi placer es estar en la casa y contar el dinero que me gano diariamente con mi esfuerzo en mi negocio de abarrotes!

El fantasma en silencio salió por la ventana y el hombre la cerró tan fuerte que casi quiebra los cristales.

Antes de irse a la cama esta vez, revisó las cajas de cartón que tenía debajo de su cama, repletas de billetes, y también fue a su caja fuerte para asegurarse que nadie la había abierto. Luego fue al sótano donde tenía acumuladas muchas joyas y trajes nuevos, también habían ahí muchas monedas de oro.

Abrió los cofres cuidadosamente y asegurándose que nadie le había robado nada se fue a su cama.

Esta vez se aseguró muy bien de cerrar las cortinas de su cuarto y de apagar las velitas en su cuarto.

Apenas cerró sus ojos una luz brillante iluminó el cuarto donde se encontraba.

—¿Quién es? ¿Qué quiere? ¡Déjenme en paz, no me dejan dormir! —Gritó el hombre con todas sus fuerzas.

—¡Ya va a ser la medianoche, no quiero esperar la nochebuena despierto, quiero estar dormido cuando suenen las doce campanadas! —Dijo el hombre desesperado, y metió su cabeza dentro de sus cobijas.

De repente un viento fuerte entró en su habitación y le arrebató su cobija y se la llevó lejos, sin que él pudiera hacer nada por evitarlo.

Un fantasma anciano, con barbas y cabellos blancos como la nieve, se sentó al borde de su cama y le dijo: —Soy tu futuro. No puedes escapar de tu futuro. Tarde o temprano llegará y si no te arrepientes antes que llegue, te arrepentirás cuando ya sea demasiado tarde.

—¡Vete, de una buena vez, no me interesa mi futuro, ¡Yo vivo el presente, y vivo feliz, tengo dinero y eso es lo que importa. Ya no me molestes. Vete por donde viniste! —Dijo el hombre con firmeza.

El fantasma lo ignoró y lo bajó hasta el sótano de la casa mientras le decía: —Mira por esta ventana y te enfrentarás con tu futuro ahora mismo.

El hombre vio como sus vecinos invadían su casa y todos se llevaban sus cajas de monedas de oro, sus cajas llenas de billetes, sus joyas, y su ropa fina que él no había estrenado.

—Yo jamás permitiré esto. Esto jamás me pasará a mi. Yo tengo una escopeta y el primero que intente robarme cae muerto en la puerta de mi casa. —Gritó el hombre lleno de ira.

Sin que tuviera tiempo de seguir discutiendo con el fantasma este lo llevó a su propio lecho y le mostró la cama.

El hombre lleno de pánico observó que alguien estaba en su cama acostado. Con su escopeta en mano, levantó la sábana furiosamente y se encontró con su cuerpo rígido que yacía sobre la misma.

—¡Noooooo! No puede ser! ¡Este hombre no puede ser yo. Yo estoy vivo! ¡Déjeme en paz, yo estoy vivo y nadie me puede robar nada. Váyase, por donde vino! —Gritó desesperado el hombre dando tumbos contra las paredes.

De pronto abrió los ojos y se encontraba en su cama. Todo había sido un mal sueño. No podía creerlo, todas sus riquezas estaban ahí. Nadie se había robado nada y lo más hermoso que lo hizo danzar de alegría es que él tenía vida y una oportunidad de cambiar.

Miró el reloj de la pared y eran las 11:30 p.m. de la nochebuena. Todavía tenía tiempo. Se vistió rápidamente y se fue a la calle. Al primer muchacho que vio pasar le dijo: —Oye muchacho, quiero que vayas a la carnicería de la esquina y compres el pavo más grande que encuentres y se lo lleves a casa de mi secretario. Toma, esta es su dirección. Pero apúrate muchacho.

El hombre le extendió al muchacho un billete de cien dólares, al cual le brillaron los ojos y le dijo: —Quédate con el cambio. No lo quiero, compra todos los juguetes que te gusten y la ropa que quieras. ¡Feliz Navidad amigo!

El hombre entró a su casa y se metió directamente a la ducha. Sacó un perfume de los más caros que tenía y se arregló muy bien. Cuando estaba listo, se fue al sótano y tomando una caja de madera mediana, introdujo cincuenta monedas de oro y se las llevó a su sobrino de regalo de navidad.

Su sobrino no podía creer lo que estaba viendo cuando abrió la puerta y vió a su tío muy arreglado frente a su casa.

Lo invitó a pasar muy amablemente y aquel hombre bailó y bailó toda la noche sin parar hasta que llegó la hora de cenar y en medio de carcajadas contó su sueño a todos los invitados de su sobrino.

De regreso a su casa venía cantando y se sentía tan feliz que gritaba por todas las esquinas.

¡Feliz Navidad a todos, feliz Navidad! Las personas que lo conocían se asustaban al verlo pensando que se había vuelto loco, pues no se parecía en nada al hombre que habían conocido hasta ese día.

Entró en su casa irradiando felicidad y se acostó a dormir con una sonrisa en sus labios.

Aquella noche durmió muy tranquilo, como nunca antes lo había hecho.

Cuando su empleado volvió a trabajar después de la fecha de año nuevo, el hombre, le dio un buen aumento de sueldo muy sustancioso.

Nadie podía creer como había cambiado aquel hombre, nadie sabía lo que lo había hecho cambiar, nadie excepto los fantasmas de su pasado, presente y futuro y el mismo, quien había aprendido una gran lección a través de ellos.

1. ¿Quién llega a visitar al hombre antes que su sobrino?

2. ¿Por qué no le gusta al hombre la navidad?

3. ¿Dónde llevan al hombre los tres fantasmas?

4. ¿Cuál lección aprende el hombre al final de la historia?

Adivinanzas

Brama y brama como el toro
y relumbra como el oro.
R.: El trueno y el relámpago.

En una calle muy linda
anda una dama a un compás,
que camina pa'delante
con los ojos para atrás.
R.: La tijera.

Salgo de la sala,
voy a la cocina,
meneando la cola,
como una gallina.
R.: La escoba.

Vuela sin alas,
silba sin boca,
pega sin manos,
y no se lo toca.
R.: El viento

Te la digo
y no me entiendes,
te la repito
y no me comprendes,
R.: La tela.

Hermanos son,
uno va a misa
y el otro no.
R.: El vino y el vinagre.

Soy animal que viajo:
de mañana a cuatro pies,
a mediodía con dos
y por la tarde con tres.
R.: El hombre.

Una pregunta tan fácil
sabiéndola preguntar:
¿qué cosa vas a mojar
poco antes de cortar?
R.: La barba.

Redondo, redondo,
no tiene tapa
ni tiene fondo.
R.: El anillo.

Oro no es,
plata no es,
abrí la cortina,
sabrás lo que es.
R.: El plátano.

Un cercado
bien arado
donde la reja
no ha entrado.
R.: El tejado.

Unas regaderas
grandes con las que el sol
riega el campo
R: Las nubes.

Vestidos y uniformados
venían dos caballeros,
uno al otro se decía,
yo primero y tu después.
R.: Los pies.

Blanca en mi nacimiento,
morada en mi vivir,
y me voy poniendo negra
cuando me voy a morir.
R.: La mora.

Nadie la enseñó a tejer
teje que teje
tejedorcita hasta más no poder
R.: La araña.
Primero fue blanca,
después verde fui
cuando fue dorada,
¡Ay, pobre de mi!
R.: La naranja.

Tira el hilito,
y grita el pajarito.
R.: La campana.

Yo vi cien damas hermosas
al momento de nacer,
alumbrarse unas a otras
y en seguida perecer.
R.: Las chispas.

Con el piquito
picotea
y con el rabito
tironea.
R.: La aguja.

Cuando me siento, me estiro,
cuando me paro, me encojo;
entro al fuego y no me quemo,
entro al agua y no me mojo.
R.: La sombra.
Te digo y te repito
que si no adivinas,
no vales un pito.
R.: El té

En la punta de una barranca,
hay cinco niñas con gorras blancas.
R.: Las uñas.

Una dama muy delgada
y de palidez mortal,
que se alegra y se reanima
cuando la van a quemar.
R.: La vela.

Siempre quietas,
siempre inquietas,
durmiendo de día,
de noche despiertas.
R.: Las estrellas.

En blanco pañal nací
en verde me transformé,
fue tanto mi sufrimiento
que amarillo me quedé.
R.: El limón

Chiquitito
como ratón,
guarda la casa
como león.
R.: El candado.

Fuí al mercado
compré un negrito;
y ya en mi casa,
es coloradito.
R.: El carbón.

Es su madre tartamuda
y su padre un buen cantor;
tiene su vestido blanco,
y amarillo el corazón.
R.: El huevo

Más largo que un pino,
pesa menos que un comino.
R.: El humo

Entre muralla y muralla,
hay una flor colorada;
llueva o no llueva,
siempre está mojada.
R.: La lengua

Oro no es,
plata no es,
abrí la cajita
y verás lo que es.
R.: La nuez
En el campo yo me crié,
dando voces como loca,
me ataron de pies y manos
para quitarme la ropa.
R.: La oveja.

Tengo cabeza redonda
sin nariz, ojos, ni frente,
y mí cuerpo se compone
tan solo de blancos dientes.
R.: El ajo.

Salta y Salta
y la colita le falta.
R.: El sapo.

Todos me pisan a mí;
yo no piso a nadie;
todos preguntan de mí,
yo no pregunto de nadie.
R.: El camino.

Dos niñas van a la par,
y no se pueden mirar.
R.: Las niñas

Trabalenguas

El amor es una locura que ni el cura lo cura, que si el cura lo cura es una locura del cura.

La cara sencilla y rara del sastre que era un desastre, no era una cara de sastre sino un desastre de cara.

Nadie peca como Pepe peca, si alguien peca como Pepe peca, es porque Pepe les enseñó a pecar.

Pablito clavó un clavito en la calva de un calvito.

Pepe pecas pica papas con un pico pepe pecas pica papas

Cuando cuentes cuentos cuenta cuantos cuentos cuentas por qué, si no cuentas cuantos cuentos cuentas, nunca sabrás cuantos cuentos sabes contar.

3 tigres tragaban trigo en un trigal, en tres tristes trastos, tragaban trigo tres tristes tigres

Ayer vi un traba que estaba trabando una traba que trabada estaba porque, el traba la trababa.

El tipo de hipopótamo tiene hipo en el hipotálamo, si por hipótesis de equipo de estereotipo es bipolar, lo anticipo con hipopotomonstrosesquipedaliofobia.

El volcán de parangaricutirimicuaro lo quieren desenparangaricutirimicuarizar y el desenparangaricutirimicuarizador que lo desenparangaricutirimicuarice, buen desenparangaricutirimicuarizador será.

El rey tiene corazón, el que lo descorazone un buen descorazonador será.

María Chuzena su choza techaba y un techador que por ahí pasaba, le dijo María Chucena, techas tu choza o techas la ajena. No techo mi choza ni techo la ajena, yo techo la choza de María Chucena.

Marañones de la marañonería….

Compadre comprame un coco, compadre coco no compro, porque como poco coco como poco coco compro.

20 ideas para entretener a los niños...

1. Piensa en un número del 1 al 10. Multiplícalo por 9. Suma ambos dígitos entre si. Ahora réstale 5.

2. Piensa en la primera letra correspondiente a ese número, por ejemplo: 1=A, 2=B, 3=C, 4=D ect...

3. Piensa en un país cuyo nombre empieza por esa letra.

4. Con la segunda letra de este país, piensa un animal.

5. Piensa en el color del animal.

6. Toma una hoja blanca. Mírala por 20 segundos.

7. Luego responde rápido ¿qué toman las vacas?. ¿Leche? si respondiste esto estás mal, porque las vacas toman agua.

9. Simón dice…. El niño te da órdenes, salta dos veces, rasca tu cabeza, mueve tu nariz, da tres vueltas etc.

10. **Receta de la plastilina:**

Dos tazas de sal.
Una taza de harina
Una cucharadita de aceite y otra de bicarbonato
Una diez o doce gotas de color vegetal.
Una taza y media de agua
Se mezcla todo y se juega con la plastilina.

11. **Recorta y pega**

Toma unas tijeras y recorta unas cuantas fotos de una revista y haz un cuadro collage con tu hijo(a)

12. Collares y pulseras con macarroncitos y una lana de colores.

13. Jugando rayuela, se usa tiza gigante y se pinta la rayuela en el piso y se tira una piedrita, para saltar hasta donde está la piedrecilla.

1	
2	3
4	
5	6
7	
8	9
10	
11	12

14. En una palangana de agua, se introducen las barbies y se juega con ellas que están nadando.
15. Jugando al escondido, uno se esconde el otro lo encuentra.

16. Dibujemos con pudin de chocolate o crema de afeitar.
Se prepara el pudin de chocolate y se extiende sobre un plástico en una mesa, luego con los dedos se hacen dibujos o letras.

17. Buscando un objeto, cuando el niño se acerca al objeto que se escondió se dice caliente, caliente y si se aleja se dice frío, frío.

18. Jugando de salón de belleza, se tratan diferentes tipos de peinados y estilos.

19. Busco un animal que …… y se describe el animal hasta que el niño adivina su nombre.

20. Show de talentos, contando chistes, cantando, bailando, diciendo trabalenguas.

Chistes de Pepito

Pepito, le pregunta a su tía:
¿Dónde está el pajarito, tía?
Yo no tengo mascotas, Pepito.
¡Pues papá me dijo que íbamos a ver a la cotorra de la tía!

Pepito le pregunta a su padre:
-¿Papi, te gusta la fruta asada?
-Sí hijo me gusta mucho.
-Pues estás de suerte, porque el huerto está ardiendo.

En una juguetería, Pepito escoge un peluche de canguro. Va a la caja y le entrega un billete de su juego de Monopoly a la cajera y ésta le dice

amablemente:
Mijito, este billete no es dinero de verdad.
Y Pepito contesta:
El canguro que estoy comprando tampoco es de verdad.

Pepito le dice a su papá:
Papito, papito, mi hermanita ha encendido la computadora.
El papá le responde:
Déjala hijito, que tu hermanita juegue un ratito.
Pepito responde:
Está bien papá, pero cuando se queme la casa, no me digas que no te lo dije.

Mientras jugaba con su mamá, Pepito le dijo:
Mami, te quiero mucho.
Y ella le contestó:
Y yo a ti, pero anda mijo, díselo a papi también.
Pepito se fue a donde estaba su papá y le dijo:
¡Papi, quiero mucho a mami!

Mientras desayunaba Pepito
Le preguntó a su mamá:
¡Mamá, mamá! ¿Cómo nací yo?
Te trajo la cigüeña.

¿Y tú?
A mí me compraron en París.
¿Y papá?
Nació de una flor.
¡Pero, bueno que es ésto! ¡Cómo es que no ha habido un solo nacimiento normal en esta familia!

Llega Pepito a su casa después del colegio, y su papá le pregunta que cómo le fue
Pepito le respondió:
¡Mal!
¿Y por qué?
Porque nadie le entiende a esa maestra loca.
¿Por qué? ¿No explica bien, o qué?
No es eso, es que dice que hagamos una cosa y después resulta que está malo.
¿Qué pasó, pues?
Me dijo que escribiera en el pizarrón tres palabras graves.
Y no pudiste.
Sí, sí pude y eran tan graves que me puso un cero.

La hermana de Pepito se pintaba delante de un espejo y él le pregunta: ¿Por qué haces esto?
La hermana contesta:
Para estar más guapa.
A lo que contesta Pepito:
¿Y para cuándo se verá el resultado?

Un hombre va a un bar, y dice con voz seria y enfadado:
Deme una cerveza, o sino...
Y el camarero asustado le interrumpe:
Aquí la tiene.
Después llega Pepito y le dice al camarero:
¿Me puede dar una coca cola?
¡No!, responde el camarero.
Al día siguiente llega otra vez el hombre del día anterior y le vuelve a decir:
Deme una cerveza, o sino...
Y el camarero le vuelve a decir asustado:
Aquí la tiene.
Más tarde vuelve a llegar Pepito y no le da la coca cola, cuando la pide.
Al otro día, vuelve a llegar el hombre, y pide la cerveza, el camarero asustado se la pone en la mesa corriendo. Después Pepito le dice con una voz suave y un poco trémula:
Deme una coca cola o sino...
El camarero le interrumpe, y dice:
O sino, ¿Qué?
Pepito asustado le dice:
O sino me da una Pepsi.

Luisito y Pepito eran dos niños, Luisito era rico y Pepito era pobre. Luisito que era el niño rico le dice

a Pepito:
En mi casa se come a la carta, pides lo que quieras comer.
Y Pepito le responde: En mi casa también comemos a la carta, el que saca la mayor carta, es el que come.

Poemas y cantos para niños

Los Ratones
Autor:
Lope de Vega

Juntáronse los ratones

para librarse del gato;
y después de largo rato

de disputas y opiniones,

dijeron que acertarían

en ponerle un cascabel,

que andando el gato con él,

librarse mejor podrían.

Salió un ratón barbicano,
colilargo, hociquirromo
y encrespando el grueso lomo,
dijo al senado romano,
después de hablar culto un rato:
¿Quién de todos ha de ser
el que se atreva a poner
ese cascabel al gato?

El gato grande

Era un gato grande que hacía ro-ró.
acurrucadito en su almohadón.
cerraba los ojos, se hacía el dormido.
movía la cola, con aire aburrido.

Era un ratoncito chiquito, chiquito
que asomaba el morro por un agujerito.
desaparecía, volvía a asomarse
y daba un gritito antes de marcharse.

Salió de su escondite,
corrió por la alfombra
y miedo tenía
hasta de su sombra.

Cuando al dar la vuelta
sintió un gran estruendo: miau!
vio dos ojos grandes
de un gato tremendo.
sintió un gran zarpazo
sobre su rabito
Y se echó a correr
todo asustadito.
y aquí acaba el cuento de mi ratoncito.
que asomaba el morro por un agujerito.

Cinco Lobitos

Cinco lobitos tiene la loba,
cinco lobitos, detrás de la escoba.
Cinco lobitos, cinco parió,
cinco crió, y a los cinco,
a los cinco tetita les dió.

Pulgar, pulgar, se llama éste,
éste se llama índice
y sirve para señalar,
éste se llama corazón
y aquí se pone el dedal,
aquí se pone el anillo
y se llama anular y este tan chiquitín
¡meñique, meñique!

Manuelita, la tortuga

Manuelita vivía en Pehuajó
pero un día se marchó.
nadie supo bien por que

A París ella se fue
un poquito caminando
y otro poquitito a pie.
Manuelita, Manuelita, Manuelita dónde vas
con tu traje de malaquita y tu paso tan audaz.

Manuelita una vez se enamoró
de un tortugo que pasó.
dijo: ¿Qué podré yo hacer?
vieja no me va a querer,
en Europa y con paciencia
me podrán embellecer.

En la tintorería de Paris
la pintaron con barniz.
la plancharon en francés
del derecho y del revés.
le pusieron peluquita
y botines en los pies.

Tantos años tardó en cruzar el mar
que allí se volvió a arrugar
y por eso regresó
vieja como se marchó

a buscar a su tortugo
que la espera en Pehuajó.

Las vacas bailarinas

Ven a bailar
ven a cantar
ven a gozar
con las vacas lobotómicas

Subiendo las manos
y dando una vuelta
arriba y abajo
los pies hacia afuera

Puedes bailar con tu amigo tu hermano
puedes bailar con quien tengas al lado

Ven a bailar
ven a cantar
ven a gozar
con las vacas lobotómicas

Subiendo las manos
y dando una vuelta
arriba y abajo
los pies hacia afuera

En una casa, en el patio, en la escuela
puedes bailar y cantar con quién quieras

Todos los derechos reservados, prohibida su reproducción parcial o total

www.ingramcontent.com/pod-product-compliance
Lightning Source LLC
Chambersburg PA
CBHW060803050426
42449CB00008B/1519